DDP [동대문디자인플라자]

동대문을 알자

「글」 정승일
박병두

경춘사

지 은 이 정승일, 박병두
발 행 인 안중기
발 행 처 도서출판 경춘사
등록번호 제10-153(1987.11.28)

인　　쇄 2011년 5월 1일
발　　행 2011년 5월 15일

서울특별시 마포구 공덕1동 117-25
경춘빌딩 101호

전　　화 716-2502, 714-5246
팩　　스 704-0688

값 12,000원

ISBN 978-89-5895-092-9 03320

머릿말

동대문을 알자

동대문(동대문시장, 동대문상권의 통칭)은 2012년 7월 DDP(동대문디자인플라자&파크)가 완공되면 세계가 주목하는 글로벌 브랜드로 재도약할 것입니다.

많은 예산을 들여 만든 훌륭한 하드웨어(건물과 시설 등)에 걸 맞는 콘텐츠개발이 시급합니다. 활성화를 위한 여러 가지 아이디어가 있겠으나 가장 시급한 것은 동대문을 알리기 위한 글로벌 홍보와 관련분야종사자(내외국인)들의 교육이라고 생각합니다.

동대문에는 수많은 외국인이 찾아오고 있으며, 중국인이나 일본인 등이 판매사원이나 생산직사원으로 일하고 있는 글로벌마켓으로 그 숫자가 급속히 늘어나고 있습니다.

따라서 내국인을 위한 외국어, 무역실무, 패션디자인, 인터넷쇼핑몰, 상도의 교육은 물론 외국인을 위한 보다 전문화된 교육도 절실히 요구되는 현실에 직면하고 있습니다.

또한 이 책이 동대문에 관심을 갖고 아껴주시는 초중고대학생, 취업 및 창업희망자 등 모든 분들에게 조금이라도 도움이 되는 지침서가 된다면 보람으로 여기겠습니다.

부족한 부분이 많으나 동대문을 알리기 위한 온오프라인 자료를 계속 만들어 갈 예정이므로 많은 관심을 가지고 사랑해 주시기 바랍니다.

이 책을 위해 협조해 주신 많은 분들에게 감사드립니다.

2011년 4월

지은이 정 승 일

동대문을

DDP (동대문디자인플라자)

알자

D•O•N•G•D•A•E•M•U•N

목차 | CONTENTS |

제1장 동대문을 알자!
(스토리텔링)

1. '4억 소녀' 동대문상품으로 대박

동대문시장(동대문상권의 통칭으로 이하 동대문 또는 동대문시장으로 칭함)에 있는 청평화시장과 제일평화시장상품을 가지고 인터넷 패션쇼핑몰을 만들어 4억의 수익을 올리면서 인기를 얻어 '4억 소녀'로 불리고 있는 김예진은 금년 26세의 순진하고 귀여운 아가씨이다. 한국 최대의 인터넷 쇼핑몰 솔루션회사인 메이크샵은 20대에 4억대 쇼핑몰이며, '밥은 굶어도 스타일은 굶지 않는다' 의 저자 김예진 사장을 초빙해 자주 세미나를 열고 있다. 강좌는 10대의 어린나이 때 동대문상품을 가지고 인터넷 쇼핑몰 '립합http://www.liphop.co.kr' 을 만들어 대한민국 패션쇼핑몰 최초로 TV홈쇼핑까지 진출해 성공을 거둔 김대표의 꾸밈없는 경험담으로 채워진다. 이 강좌를 기획한 메이크샵 교육팀은 "4억 소녀의 성공신화는 인터넷 패션쇼핑몰 운영자는 물론 창업을 하고자 하는 사람들에게 일종의 교과서 같은 역할을 하고 있다"고 말한다.

또한 세미나를 통해 김예진씨가 성공하기까지의 노력과 열정, 성공비결을 들을 수 있다. 김씨가 처음 대중에게 얼굴이 알려진 것은 2004년 8월 SBS TV '진실게임' 이라는 프로에서 였다. 그 후 네이버, 다음 등 포털사이트에서 검색어 1위에 오를 정도로 많은 사람의 관심을 일으켰다. 이러한 인기에 힘입어 그의 홈피 방문자 수는 총 300만명이 넘는다.

하루 방문자만 1만여명. 인기 연예인에 버금가는 숫자이다. "성공 비결은 단순해요. 제자신을 상품화한 거예요" 자신이 직접 모델로 나서 팔려는 옷을 입고 집에서 디카로 찍어 인터넷쇼핑몰에 올린다. 김씨는 동대문구 전농동에 있는 해성국제컨벤션고등학교에 다닐 때, 용돈이라도 벌어볼 목적으로 동대문시장에서 옷을 사서 인터넷포탈사이트인 옥션에 올려 팔기 시작했었다. 그리고 다음에서 카페를 만들어 운영하면서 회원들에게 팔았다. 다행히 옷에 관한 감각이 있었던 터라 잘 팔려나가자 주위에서 아예 쇼핑몰을 만들어 팔아보라는 권유가 많았다.

특히 고교시절 담임 선생님께서 용기를 내서 시작해보라는 적극적인 권유에 힘을 얻어 2003년 12월 300만원을 가지고 시작했는데, 인터넷 홈페이지를 만들어 시작하고 6개월만에 2,000만원의 손해를 보았다. 김씨의 어머니도 장사되지도 않는 사이트를 팔아버리자는 말에 팔려고 내놓기도 했었지만, 헐 값 인데도 팔리지 않았다. 그야말로 시련의 연속이었다. 이 때 뭔가 돌파구가 없을 까? 고민하던 차에 고객에게 보다 더 정성을 다해야겠다는 뜻에서 하나하나 편지를 손으로 정성껏 직접 써서 부치기로 결심하고 실행에 옮겼다. 그 당시는 하루에 방문자가 60여명 되었을 때라서, 60통의 편지를 직접 써서 부쳤다. 그렇게 하고나서부터 주문이 쏟아지기 시작하더니 마침내 4억 아가씨라는 명성까지 얻게 되며, 현재는 매출 50억에 직원 20명을 거느리고 있는 어엿한 중견 인터넷패션 쇼핑몰 사장이 된 것이다.

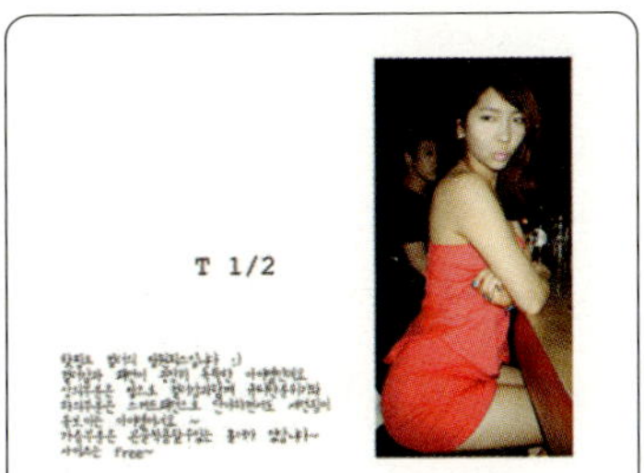

'4억소녀' 김예진씨 지금은 년매출 50억에 20명의 직원이 함께 일하고 있다.

〈메이크 샵〉

좋은 상품을 가지고 있으나 인터넷쇼핑몰을 만들기에 어려움을 느끼고 있는 분들에게 이를 대신 제작해 주며, 운영, 관리까지 할 수 있도록 교육도 하고 있다. 즉, 개인이나 기업이 인터넷쇼핑몰을 만들 수 있도록 도와주는 솔루션(프로그램)을 빌려주는 회사이다.

www.makeshop.co.kr 일반인용(일본, 중국, 미국도 진출해 있다)

http://high.makeshop.co.kr 고교생, 교사용

립합 홈페이지

2. 세계가 주목하는 동대문

한국상품 일본패션가 점령

동대문 시장이 아시아뿐만 아니라 세계 패션시장의 메카로 떠오르고 있다. 그 중에서도 가장 인기가 있는 나라는 일본이며, 그 뒤를 이어 타이완, 홍콩, 중국, 싱가폴, 말레이시아, 인도네시아 그리고 러시아 등에서도 동대문상품이라면 사족을 못 쓸 정도로 인기가 높다.

뿐만 아니라 기타 아시아권(필리핀, 베트남, 인도네시아, 파키스탄, 인도, 네팔, 몽골 등)나 미국, 유럽, 호주 등 물론 지구촌 저 멀리 아프

리카, 남미에서도 교포를 비롯해 그 나라 바이어들이 찾아와 많은 패션용품(의류, 악세사리, 잡화 등)을 앞 다투어 사가고 있다.

특히 근래 몇 년 사이 한류열풍으로 메이드인코리아(한국제)라면 무조건 오케인데,

주문수량도 예전과 달리 대량화 되어 한번 주문에 만 장에서 십 만장 단위까지 사가는 바이어도 많다. 2008년 이후 극심한 금융위기에 따른 내수불황을 이러한 한류마니아들이 보완해 주고 있다.

게다가 파리나 밀라노 등 유럽의 디자이너들까지도 방문 러시를 이루고 있다.

왜, 이렇게 동대문을 찾고 있을까?

세계적인 패션대국이라면 프랑스, 이태리, 일본 등을 꼽을 수가 있다. 특히나 일본상품들은 대부분 프랑스나 이태리, 미국 상품의 유행을 따라가거나 카피 일색인

상품들이 대부분이다. 그러한 나라 일본에서 패션상품 아이디어의 대부분을 이제는 한국의 동대문에서 얻어가고 있는 것이다.

▶ 일본패션의 흐름

일본의 유행은 여학생들이 창조해 나간다.

이들을 일본에서는 「고갸루(여학생; 소걸(小Girl)이라는 말의 첫 글자만을 떼어 내서 만든 신조어.)」라고 하는데, 90년대 들어서 그들이 창조해낸 유행의 물결을 살펴 보자면 루소(루즈속스 ; Loose Socks), 메슈(Mesh), 샤넬, 네일아트, 마리크와 카라콘 등 수없이 많다.

특히 도쿄의 여학생들이 학교수업이 끝나자마자 곧장 찾아가는 곳이 시부야의 마루뀨(109 빌딩)과 신주꾸 아루타(Alta) 그리고 이께부꾸로

의 아루타(Alta), Roxy 판매점, Me Jane, Love Boat 등 패션점포이다.

▶ **새로운 패션을 창조하는 일본패션잡지**

「고갸류, 갸루(여학생) 」들이 이와 같은 매스컴을 타기 위해서는 자기 나름대로의 개성이 뚜렷해야 한다. 이들 여학생들 사이에서는 스타라고 손꼽히는 스타들이 속속 태어나기 시작했다. 스타가 되기 위해서 자신을 가꾸고 남보다 튀어 자기만의 개성을 돋보이기위해 위해 전력을 다하고 있다. 예를 들면 나만의 개성을 한껏 뽐낸 스타일을 하고 시부야거리를 활보하면 스트리트패션을 취재하기 위한 유명잡지사사진기자들의 카메라앵글에 포착되어 잡지모델이 된다. 그리고 나면 운좋

〈해설〉
루소 : 속스(Socks)를 종아리에서 발까지 흘러내리게 신어 칠칠맞고 단정치 않게 보이는 것으로 일본의 여중고교생들이 주로 신고 다닌다.
메슈(Mesh) : 머리 사이사이에 물을 들여 빼는 것.

게 인기모델로 향하게 되는 케이스가 많다.

▶ 「고갸류」들에게 가장 인기 있는 지역

예전에는 도쿄의 「패션메카」, 「패션 1번지」라고 하면 당연히 긴자 「미쯔꼬시」와 니혼바시 「다까시마야」백화점이라고 말했다. 그러나 백화점들이 장기불황의 늪에 빠진 지금은 패션 즉, 유행의 진원지는 도쿄의 시부야이다. 그 중에서도 일본의 패션을 리드해 가는 고갸루(여학생)들이 가장 선호하는 곳이며, 그들의 아지트라고 해도 과언이 아닌 곳이 바로 「마루뀨」빌딩이다. 허나 요사이 아시아 여성들 사이에서 특히나 일본의 여학생은 물론이며, 일본문화를 완전히 개방한 한국의 여성, 타이완, 홍콩, 중국 등의 젊은 여성들 사이에 이 109빌딩에서 산 물건 그 중에서도 「Me Jane」이나 「에고이스트 」등 유명 브랜드 상품을 사서 그 가게 쇼핑백에 넣고 거리를 활보하는 것이 마치 뉴욕의 보석가게 티파니에서 생커피와 곁들여 식사하는 것과 같은 환상에 젖을 수가 있어 이를 좇는 것이 일종의 유행병이다.

〈해설〉
마루뀨(109) : 도뀨(東急)그룹이 지은 빌딩으로 원래는 일본어로 10(도) 9(뀨)를 소리나는 대로 발음해서 도뀨라고 한다. 이찌마루뀨(109)라고도 한다.
예전에 인기를 모았던 외국영화「티파니에서 아침을」이라는 영화를 보면 유명한

배우가 티파니라는 뉴욕의 유명한 보석가게에서 다리를 꼬고 커피를 곁들여 아침식사하는 장면이 나오는 데, 그것이 멋있어 보이고 부러워하는 일본의 여성들 특히 해외여행객들이 그곳을 찾아가 그 여배우 흉내를 내면서 마치 자신이 그 인기스타라도 된 것 같은 환상에 젖기도 했던 것이 한때 일본여성들 사이에 대유행이었다.

왜, 「Me Jane」이 유명한고 하니 원래 「제인」은 세계적인 영화 「타잔」속에 등장하는 타잔의 애인이름이다.

이는 타잔이 밧줄을 타고 정글사이를 누비면서 「허니 제인, 나 타잔이야」라고 하는 말에서 그 브랜드명을 따왔다.

헌데 이 「Me Jane」의 판매사원들은 자기회사 브랜드제품으로 그때그때 유행상품인 의복이나 악세사리들을 그대로 입거나 걸치고 있다. 그러므로 일본의 고갸루나 기타 아시아 지역의 여성들에게 있어서는 이들은 마치 자신들의 의상 디자이너이며, 멘토(어드바이스해 주는 사람)라고도 생각하고 있다.

▶ 동대문 시장제품 일색인 「마루뀨(109)」

이 「마루뀨」빌딩에 있는 「Me Jane」, 「에고이스트」, 「Shak Shake」 「Love Boat」뿐만 아니라 대부분의 제품이 한국의 동대문시장에서 사간 것 일색이라는 사실에 주목해야 한다. 예전처럼 일본의 바이어들이 디자인을 제시해서 만든 물건이 아니라 동대문점포 상인들이 자체적으로 디자인을 기획해서 만든 제품들이 많다. 그 곳 109 빌딩에 가보면 한참 고객이 많이 몰리는 토 · 일요일에도 동대문시장에서 포장해 보낸 상품을 꺼내서 점포에 진열하고 있는 것을 쉽게 볼 수가 있다. 이러한 풍경은 2000년대 초까지는 지속되었다가 일시 중국제품에게 자리를 내주다가 2008년 금융위기 이후 여러 가지 중국의 변화(인건비,

원부자재비 상승, 노조의 스트라이크증가, 노동집약산업 홀대, 물류비 부담 등)로 바이어들이 다시 한국쪽으로 급속도로 U턴하고 있다.

▶ 하라주꾸에서도 판치는 동대문상품

도꾜의 「하라주꾸(原宿)」하면 서울의 강남이나 압구정동과 마찬가지로 젊은이들이 가장 즐겨 찾아가는 곳이다. 이곳에서는 몇 년 전만 해도 서울의 동대문시장에서 구입한 군복 즉, 밀리터리 룩(Military Look)옷이나 나치군복차림의 젊은이들이 대부분이었지만, 지금은 유행이 바뀌어 표범무늬 옷 즉 동물모양의 애니멀룩(Animal look)으로 채워져 있다.

이 옷 대부분은 한국의 동대문시장에서 사간 것이다. 그 뿐만 아니라 귀걸이, 코걸이, 목걸이, 팔찌, 혀찌(혓바닥걸이용) 장식품은 물론이요. 빨강, 파랑, 노랑색으로 물을 들이거나 직사각형 모양의 부분가발을 머리에 붙이고 다니는데, 이것 역시 동대문에서 구입해 간 것이 대부분이다. 이제 일본의 젊은이들은 유행을 프랑스나 이태리 또는 미국에서 받아들이는 것 보다 동대문시장에서 찾고 있는 것이다. 특히 한류열풍이 불고부터는 더욱 인기가 높아지고 있다.

▶ 이께부꾸로(池袋)에도 동대문 상품일색

수도 도꾜의 이께부꾸로 라고 하면 도꾜 근교에서 도꾜로 들어가는 관문이라고 할 수 있는 곳이다. 도꾜 근교의 고갸루들은 주말이면 신주꾸, 하라주꾸, 시부야로 몰리는데, 이때 반드시 이께부꾸로를 지나치게 되어있다. 참새가 방앗간을 그냥 지나가지 못하듯이 이때 이께부꾸로의 유혹을 떨치지 못하고 머물다 쇼핑을 즐기고 가는 것이다.

헌데 이곳에 들리는「고갸루」들이 즐겨 찾는 파루코백화점은 물론 이 근처에 있는 많은 패션숍들에서도 동대문상품이 판을 치고 있다.

▶ 「원조교제」의 발상지 이께부꾸로

원래 이곳 이께부꾸로는 엔꼬(援交) 즉, 원조교제(援助交際: 중년남자가 미성년자를 데리고 성행위를 한 뒤 그 대가로 금품을 제공하는 행위)가 처음 시작되었던 곳이다. 특히 15~16세 가량의 여중 · 고교생은 오후 4~5시경이면 학교수업을 마치고 이곳 이께부꾸로로 나간다. 이때 쯤이면 배가 고프기 때문에 역 근처에 있는 웬디스나 맥도날드 햄버거집에 들러 햄버거로 고픈 배를 채우면서 다리를 꼬고 앉아 담배를 한 대 꼬나 피운다. 그리고 난 후에 근처에 있는 게임센터(오락실)에 들러 「뿅뿅뿅」「슝슝슝」 게임을 신나게 쏘고 나면 거리는 벌써 어둑어둑 땅거미가 짙게 깔리며 저녁이 된다. 이 때 니시구찌 공원쪽으로 나가 벤치나 가드레일에 걸터앉아 있는다. 이 시간이 바로 40~50대의 중년 돈 많은 아저씨들 퇴근시간과 맞아 떨어지는 것이다. 퇴근길에 고급 승용차를 몰고 나타나는 중년아저씨들이 고갸루들에게 다가가 「야 타」라고 하는 소위 「난빠」가 이곳에서 이루어지는 것이며, 원조교제가 시작되는 것이다. 특히나 이곳 니시구찌공원은 둥글게 원형으로 되어 있어 공원주위를 차를 타고 빙글빙글 마치 회전초밥집의 컨베이너가 돌아가듯이 돌 수 있도록 차도를 만들어 놓았다. 고갸루들쪽에서는 마치 회전 초밥집에서 자기가 좋아하는 초밥이 나올 때를 기다리고 있는 것처럼 앉아서 돈 많은 중년 아저씨들을 기다리는 것이다. 이처럼 중년 아저씨들과 고갸루간에 서로의 이해가 맞아 떨어지는 것이다. 서로 만나서 하룻밤 지내면서 풋사랑을 나누고 나면 성행위의 대가로 고가루에게 대개 2만엔~5만엔정도 지불한다. 그러면 그 돈으로 입고 싶고 먹고 싶은 것을 사는 것이다. 이러한 일들이 벌어지는 곳이 바로 이께부꾸로이며, 밤 풍경인 것이다.

▶ 일본의 패션 1번지에는 동대문 상품 일색

이처럼 일본의 패션1번지이며, 메카인 시부야, 하라주꾸, 신주꾸, 이께부꾸로를 한국상품이 석권하고 있으며, 재래시장인 우에노(上野)의 아메야요꼬죠 시장 및 오사까(大阪), 나고야(名古屋), 후꾸오까(福岡)까지도 동대문시장 상품이 판을 치고 있다.

현대화 바람

이제 동대문시장에서는 재래시장의 흔적을 찾아보기가 어려워져가고 있다. 빠른 속도로 변해가고 있는 것이다. 예전에는 다 쓸어져 가는 속칭「하꼬방(판자집)」이나 다름이 없이 초라한 상가였었다. 속 안으로 들어가 보면 여기저기 벽이나 바닥이 금이 가 있고 화장실도 들어가 보면 화장대나 변기의 물이 나오지 않아 악취가 풍기는 곳을 어렵지 않게 발견할 수 있으며, 쓰레기가 여기저기 쌓여있어 불쾌감을 안고 다닐 수밖에 없었다. 허나 이러한 곳에도 현대화 바람이 불기 시작한 것이다.

▶ 불을 당긴「아트프라자」

1990년 남대문시장 시티보이 상인들이 모여서 동대문시장에 진출하여 새바람을 일으켜 보려고 맨 처음 들어간 곳이 바로 아트프라자 상가였다. 이곳에 현대식 건물을 짓고 약 480개 점포에 신선한 이미지를 강조하며 탈바꿈을 시작한 것이다. 예전 전국의 도매상들은 일단 서울로 물건을 사러 오면 우선 남대문 시장부터 들려서 물건을 구입하고 나서 동대문 시장엘 들려 기타 나머지 물건을 보충해 구입해서 각자 지방으로 내려갔었다. 그러나 동대문 상권에 일대 변혁의 바람이 거세게 불기 시작하면서 반대 현상이 일기 시작했다. 이제는 동대문을 먼저 들려서 남대문으로 가는 형태로 물결의 흐름이 역류하기 시작한 것이다. 아트프라자가 동대문상권에 진출하면서부터 이곳의 밤거리는 휘황찬란한 불빛으로 대낮과 같으며 새벽이 올 때 까지 꺼지지 않는다. 이 아트프라자는 93년~95년 사이 불과 3, 4년 만에 1층의 점포 권리금이 한때 5억원까지 치솟아 타 상가들의 부러움을 샀었다.

그리고 연이어

아트프라자 야경 (동대문 야간영업의 선구자)

- 95년 디자이너 클럽(700개 점포)
- 96년 우노꼬레(658개 점포)
- 96년 팀 204(300개 점포)
- 96년 프레야 타운(3,340개 점포)
- 97년 해양엘리시움(484개 점포)
- 98년 밀리오레(1,960개 점포)
- 99년 두산타워(1,993개 점포)
- 00년 누존(800개 점포)
- 00년 Apm(700개 점포)
- 01년 헬로Apm(1,664개 점포)
- 08년 굿모닝시티(4,000개 점포): 스포츠용품판매전문상가
- 10년 맥스타일(2,650개 점포)이

속속 앞을 다투어 패션몰로 등장하고 있다.

밀리오레, 두산타워 전경

현대식 건물

재래시장하면 꾀죄죄한 야채장수난 생선장수 아줌마가 허리에 돈주머니를 차고 노점행상을 하면서 침을 「퇴퇴」엄지손가락에 뱉어가면서 돈을 세는 이미지가 떠올랐는데, 이제는 재래시장의 묵은 때를 깨끗이 벗고 대형 현대식 건물에서 세련된 백화점 이미지를 떠올리게 한다.

밤 영업 시도

주로 새벽과 낮 사이에 하던 장사시간을 저녁9시부터 철야로 연장해서 새벽을 지나 낮장사까지 하도록 시도한 것이 먹혀들어간 것이다.
이전에는 동대문시장하면 새벽시장과 낮 시장만이 형성이 되어 있는 걸로 쳤으나 틈새시장이라고 할 수 있는 밤 시장을 만들어서 시도한 것이 성공한 것이다. 예전 동대문에 밤 시장이 생기기 이전 지방 소매상들은 대절버스를 타고 남대문 새벽시장 개점시간인 4시쯤에 일단 남대문시장을 들려서 물건을 사고 동대문시장을 경유해 지방으로 내려갔었다. 이때 틈새를 노린 아트프라자는 밤 11시에 남대문시장보다 4~5시간 빨리 상가 문을 열어 지방 상인들이 탄 버스가 일단 동대문에 들렸다가 남대문시장을 경유하여 지방으로 내려가도록 그 흐름을 바꾸어 논 것이다.
이것을 시발점으로 해서 각 상권 간에 밤 영업시간은 차츰차츰 경쟁적으로 앞당기기 시작하여 지금은 저녁 8시 무렵 개점이 일반화 된 것이다. 이렇게 해서 남대문시장으로 가는 지방 상인들을 야금야금 흡수해 버린 것이다. 당시 버스 한 대가 오면 10명~20여명의 지방상인들이 타고왔는데, 상인 한 사람이 평균 2억원 어치의 옷을 사간다고 알려져 있어 그 매출규모를 짐작할 수 있겠다.

아트프라자 앞 야경

신세대 젊은 층 공략이 주효했다.

전쟁을 겪지 않고 배고픔을 모르며 풍족하게 살아 온 10~20대 신세대를 타겟으로 한 상품구성에 쇼핑분위기도 그들에게 맞추기 위해 참신하고 새로운 디스크쟈키까지 고용해서 밤새 신세대들이 좋아하는 음악을「쾅쾅」대고 틀어주는 것이다. 신세대층을 타켓으로한 음악만 내 보낸 탓으로 이제는 신곡을 내놓은 신세대 가수들이 동대문 디스크쟈키들에게 경쟁적으로 홍보를 하고 있는 실정이며, 실제로 동대문에서 히트한 노래가 방송가로 진출해 인기스타가 된 경우가 많다.

셔틀버스 운행

대형버스를 동원하여 고속버스 터미널에 도착하는 지방 상인들을 동대문 시장으로 실어 날랐음은 물론 부산, 대구, 대전, 전주, 광주 등까지 원정을 보내서 지방

디자이너클럽 앞 야간 지방행운송버스에 짐싣기

상인들을 유치했으며, 남대문시장까지 셔틀버스를 운행시켰던 것이다. 물론 그렇게 하여 성공하기까지에는 많은 시련도 겪었었다. 기존 동대문상인들의 반발이 무척 심했었고, 남대문시장 상인들부터 자기 단골손님을 뺏어 간다고 따돌림도 많이 당했던 것이다.

디자인 기획력

예전에는 동대문시장하면 외국상품 특히 일본상품을 가져다가 그대로 베끼는 곳으로 인식되었었다. 헌데 상인들의 세대교체에 따라 신세대들이 자리 잡기 시작한 90년대 초반부터는 이미지가 급격히 변하기 시작했다.

동대문 상인하면 한국전쟁 당시 이북에서 피난 내려온 함경도 또순이의 억센 이미지가 떠올랐으며, 실제로 기존 상인들이라고 하면 이북사람들이 많았었다. 그러나 요즈음에는 유명대 의상학과나 미대출신 그리고 일본, 프랑스나 이태리, 미국 그중에서도 일본 유학파들이 동대문시장에서 점포를 얻어 직접 경영하고 있는 신세대들이 많다.

결정적으로 그러한 붐이 조성된 것은 IMF의 거센회오리 바람이 몰아친 1997년 이후이다. 갑자기 환율이 2배 가까이 뛰어 가격경쟁력을 갖게 되자 일본, 타이완, 홍콩, 중국 등 소규모 무역상 소위 보따리 무역상들이 급격히 증가하기 시작했다. 그때 내수업체들 특히 백화점은 30개가 넘게 부도가 났었다.

그 이유는 내수위주의 경영에다가 사치만 부추기는 호화 외제품 수입을 선도했기 때문이라고 할 수 있다. 그리고 남 · 동대문시장 점포들도 내수위주로 장사를 한 곳은 대부분 문을 닫아야 했으나, 외국바이어(일본, 타이완, 홍콩, 중국, 러시아 등)를 상대로 장사한 점포들은 오히려 IMF나금융위기로 인하여 돈을 벌었으며, 위기에 따른 국내 불황에는 아무런 영향을 받지 않았다. 이처럼 외국 바이어를 끌어들일 수 있는 힘 중에는 디자인 기획력이 차지하는 부분이 상당히 크다. 당시 백화점뿐만 아니라 기존 내수 유명브랜드업체들이 연쇄도산하면서 거기서 일하든 유명 디자이너들 특히나 프랑스, 이태리, 미국, 일본 등으로 유학까지 갔다 온 엘리트들이 갈 곳이 없자 동대문쪽에 진출해서 직접 점포를 얻어 장사를 시작한 것이다. 이들의 뛰어난 디자인기획력이 외국바이어들에게 먹혀 들어간 것이다.

▶ 빠리, 밀라노에 등장한 신상품 24시간이면 동대문에

게다가 파리나 밀라노에서 선보이는 패션용품이 2~3일 후 아니 빠르면 24시간 후 동대문시장에 어김없이 얼굴을 내미는 것이다.

그간 신세대들 특히 프랑스, 이태리에서 공부한 유학파들이 2명~5명씩 떼를 지어 현지에서 합숙하면서 패션쇼나 유명쇼핑가에 새롭게 등장하는 패션상품이나 정보를 재빨리 구입하거나 본따서 한국으로 보내오면 곧 바로 제작하여 동대문 점포에 등장시켰다.

이러한 과정을 예전에는 일본의 패션디자이너들이 잘 하였으나, 지금은 한국 디자이너들이 훨씬 민첩하게 잘 하는 것이다. 게다가 일본 디자이너들은 파리나 밀라노, 런던, 뉴욕 등에서 입수한 패션상품을 일본 내에서 만드는 데 소요되는 시간은 적어도 10~15일 정도 걸렸으나 동대문은 3일~5일 정도면 끝낼 수가 있을 뿐만 아니라 인터넷을 통해 패션정보를 입수하면 24시간도 채 안 걸려 만들어 낼 수 있는 곳이 바로 동대문이다.

따라서 이제는 거꾸로 일본의 디자이너들이 한국으로 찾아와 상품을 구입해 가는 것이 훨씬 빠르며 비용도 싸게 먹히므로, 구태여 그 먼 곳까지 많은 돈을 써 가며 갈 필요성이 없어진 것이다.

세계 단 하나 원스톱 패션가

▶ 원스톱(One-stop)공간

우선 동대문상권은 IMF이전까지 백화점이 리드해 왔던 값비싼 브랜드 중심의 패션산업이 IMF 이후 소비자들에게 외면당하자 중저가 고품질 패션상품 위주 전략과 함께 현대식 건물짓기에 투자를 하기 시작한다.

「품질은 백화점, 가격은 재래시장」이라는 기치 아래 우선 동대문 상권 내에서는 의복에 관한 것이라면 기획에서 → 원부자재구입 → 생산 → 판매 → 운송까지 모든 체제를 완벽히 갖추고 있다.

뭐든지 구할 수 없는 것이 없는 완벽한 원스톱시스템(One-stop System)인 것이다. 수 만개의 점포와 공장들이 밀집되어 있으며, 이처럼 한 장소에 한 가지 산업체(의복)가 집적되어 있는 곳은 패션대국인 프랑스, 이태리, 일본 등에서도 찾아 볼 수 없는 패션 섬유 산업 집적지 동대문은 미국의 벤처 집적지인 「실리콘 벨리」와 비교하여 동대문 「패션벨리」또는 「패션클러스터(집적지)」라고 말하기도 한다.

▶ 디자인 기획력

모든 점포 주인인 동대문 상인들이 디자이너이며, 그들은 디자인 정보

까지도 동대문 상권내에서 구할 수 있다. 외국잡지나 패션 기획을 판매하는 회사들이 주위에 포진하고 있으며 길가 노점에서도 외국 유명 패션잡지를 팔고 있을 정도이다.

▶ 원부자재구입

동대문 내에서는 의복에 관한 재료라면 없는 게 없는 소위 「만물상」이라고 할 수 있다. 국내 생산품에서 외국 수입품까지 패션 용품이라면 머리끝에서 발끝까지 장식할 수 있으며 없는 것이 없다.

특히 원단, 단추, 실, 지퍼, 스냅단추, 레이스, 자수용품, 프린트물, 솜, 심지, 패드 가죽, 악세사리, 잡화, 장식품, 포장용 등을 취급하고 있는 동대문종합시장이나 동화상가를 들러본 외국의 바이어는 그 규모나 전문성에는 혀를 내두르는 것은 물론 세계 어느 나라에도 이러한 거대한 원스톱 섬유패션 집적지는 없다고 말한다.

동대문종합시장

홍보담당 이운석 계장

▶ 봉제공장

청계천 평화시장을 중심으로 주위 반경2km 이내에 수 만개의 봉제공장이 밀집해 있다.

이처럼 한 곳에 벌집처럼 모여 있는 곳은 빠리나 밀라노, 도꾜 등에서도 찾아 볼 수가 없는 동대문만의 특징이다. 따라서 미싱 2~5대 규모의 가내공업형태로 소수량 다품종 생산이 가능해 요즈음 같은 패스트패션 시대에 맞아떨어지는 여건을 갖추고 있다.

▶ 판 매

4만 2천여 개의 점포가 도 · 소매업을 하고 있으며 도매 → 소매 → 재고품(땡)처리는 물론 길가 노점상까지 밀집되어 있어 상품 판매과정에서 재고가 쌓이지 않고 완벽히 처리되므로 완벽한 유통망을 형성하고 있는 것이다.

▶ 운 송

오토바이에 의한 퀵서비스 운송체제는 도심정체로 인한 납기지연을 막아주며 특히나 속칭「하꼬비」들의 「Hand to hand」서비스는 세계적으로 퀵 운송서비스를 자랑하는 DHL, SKYPAK, TNT, Pedex, EMS 등의 「Desk to desk」서비스는 한 물 가버린 원시시대 운송수단이 되어 버렸으며, 이보다 훨씬 빠르고 정확할 뿐만 아니라 민첩한 스피드를 주무기로 삼고 있다.

퀵서비스 적재위반 아닌가요?

시장의 현주소

예전에는 동대문시장하면 약간 변두리로써 교통편이 그다지 편리하지 않았던 기억이 난다. 그러나 지금은 1호선, 2호선, 4호선, 5호선은 물론이요, 웬만한 버스는 대부분 동대문역사문화공원역(옛 동대문 운동장역)을 통과하게 되어있다. 이 지하철역은 매일 아침 10시만 되면 쇼핑객들이 몰리기 시작해서 중고등 학교 하교시간인 4시~5시경이면 발디딜 틈이 없을 정도로 많은 인파가 북적대기 시작한다. 이때가 되면 이 근처 지리를 잘 모르는 사람일지라도 인파에 떠밀려 앞사람을 따라서 출구를 빠져 나가면 굿모닝시티, 헬로에이피엠, 밀리오레, 두산타워 등으로 저절로 발길이 닿게 된다. 그 많은 인파는 대부분이 10대와 20대 초반의 신세대 쇼핑족 소위 두타족(두산타워족 마니아), 밀려오네족(속칭 손님이 밀려온다는 뜻이며, 밀리오레 마니아를 말한다)이기 때문이다.

굿모닝시티앞 광장, 케레스타(옛 프레야타운)와 밀리오레, 그리고 두산타워 앞 공간은 이들 신세대들 만남의 장소이며, 휴식의 장소이기도 하다.

뿐만아니라 외국인 특히 일본, 중국인들에게는 명소가 되어있다.

학교수업이 끝나면 가야할 마땅한 문화공간이 없어 기껏 가봐야 오락실, 만화방, 호프집, PC방 등에서 방황하던 청소년들에게 분출구 역할을 하게 된 것이다.

동대문쇼핑을 즐기는 중국인관광객

굿모닝시티, 헬로에이피엠, 케레스타, 밀리오레, 두산타워 등은 도매점보다는 소매점이 더 많아 청소년들이 안심하고 쇼핑을 즐길 수 있는 곳이기도 하다. 게다가 외국인 쇼핑객까지 섞여서 더욱 활기를 띄고 있다.

동대문에서 가장 교통이 편리한 곳에 위치한 굿모닝시티

일본, 타이완 그리고 홍콩, 중국, 러시아는 물론 미국이나 유럽관광객들까지 찾아오고 있으므로, 각층별 안내방송을 일어, 중국어, 영어 세 가지 방송을 동시에 하고 있다.

어둠이 깔리면 이들 패션몰 앞 광장에서는 최신 유행댄스곡이 밤거리 젊은이들의 흥을 돋꾸어 주며 휘황찬란한 네온싸인, 그리고 길거리의 차량과 인파를 정리하는 교통정리 아저씨들의 야광 등이 묘하게 조화를 이루며 밤거리를 수놓는다.

그리고 건물바깥에 설치한 대형 뮤직비디오에서는 10대들이 좋아하는 가수들의 노래가 쉴새없이 등장해 지나가는 인파의 발길을 멈추게 한다.

밤이 깊어질수록 이 거리는 더욱 활기를 띈다. 현대식 고층빌딩에서 내뿜는 현란한 불빛이 멀리서도 젊음의 열기로 가득 차 있고 살아 숨쉬는 생기 넘치는 거리임을 단숨에 알아 챌 수 있다. 이곳에는 하루 20만이 넘는 사람들이 몰려들어 밤을 잊은 거리를 만들고 있다. 평일에도 인파로 북적대지만 주말이 되면 이곳 광장은 물론 통로나 에스컬레이터에는 사람의 물결에 떠밀려서 자기가 가고자 하는 곳을 제대로 찾지 못하고 이쪽저쪽으로 떠밀려 다니는 형편이다. 서쪽의 소매상권

패션몰이 북적대는 시간은 중 · 고생 하교 시간인 5시부터 10시사이이다. 이 시간이 지나면 이 인파는 동쪽으로 이동하기 시작한다. 이때부터는 동쪽상권에 자리잡고 있는 아트프라자, 광희패션타운, 제평(제일평화시장),디자이너클럽, 유어스, 뉴죤, 청평화시장, 테크노상가 등 올빼미 타운이랄 수 있는 현대식 도매상가들이 기지개를 펴며 바빠지기 시작하며, 청평화, 디오트는 밤 12시에 문을 열고 있다.

이곳에는 지방에서 전세버스가 하나 둘 도착하면서 인파가 늘어나며, 이때 쯤이면 일본, 홍콩, 타이완 등의 외국관광객을 태운 관광버스도 가세해 엉키고 설킨 차들의 주차전쟁으로 몸살을 앓는다.

▶ 하루에 22시간 영업

동대문 시장이 활기찬 또 하나 이유는 밤 시장 전략이다. 예전에는 새벽시장이 섰었으나, 현재는 굿모닝시티, 헬로에이피엠,케레스타, 밀리오레, 두산타워가 아침 10시에 문을 열어 다음날 새벽 5시까지 그리고 동쪽상가들은 일반적으로 저녁 8시에 문을 열어 다음날 아침이나 오후 2시까지 장사를 한다. 그러기 때문에 동대문시장에 가면 하루 24시간 중 2시간만 빼고 물건을 살 수가 있으므로, 거의 하루 종일 장사를 하고 있는 셈이다. 이는 요즈음의 핵가족 하에서 낮에는 시간을 낼 수 없는 맞벌이 부부들이나 직장인들에게는 밤 시간을 이용해 쇼핑할 수 있는 적당한 곳으로 시대적인 요구에 부응하고 있다고 할 수 있을 것이다.

10대 고딩 숍 마스터 드림과 20대 신세대 사장님

최근에는 동대문 시장에서 취업을 해 예비사장이 되거나 창업을 해서 사장이 되고 싶어하는 20대 신세대들이 급속히 늘어나고 있다. 10대 고딩(고등학생)들에게 꿈이 뭐냐고 물어보면 많은 수가 「동대문에서 샵마스터가 되고 싶다.」고 거리낌 없이 대답한다. 최신 유행하고 있는 「내가 만든 옷을 내가 입어보고 싶고, 내 숍에다 진열해서, 남들이 입고 다니는 걸 보고 싶다.」는 순진한 드림(Dream)이다.

그래서 고등학교를 졸업하기가 무섭게 대학교 진학을 포기하고 동대문 점포에 뛰어들어 소위 아르바이트를 하면서 패션을 배우는 샵딜러(Shop dealer)들이 많다. 한 1년 정도 경험을 쌓고 곧바로 실제 샵마스터인 사장이 되는 경우가 많다.

그래서 그들 고딩들은 공부스케쥴로 빼곡한 학교생활에서 잠시 벗어나고 싶어 동대문의 굿모닝시티나 밀리오레, 두타 앞 놀이 문화공간으로 몰려간다. 패션몰 앞 무대에서 춤추고 노래하면서 신세대 드림을 실현시키기 위해 부모들의 소망인 공부를 뒷전으로 하고 한눈(?)을 파는 것이다. 그곳에는 매일같이 찾아와 죽치는 죽돌이, 죽순이들이 상당히 많다.

동대문마니아 고딩들

한편 국내 영 NB(National brand) 브랜드 출신, 해외파 일본 문화복장, 미국FIT나 이태리 말랑고니 출신 등 해외유학파 고학력 디자이너들이 많이 몰려와

정말 수준 높은 고학력 패션엘리트 집단이라고 할 수 있다.
이들이 창조해 내는 참신하고 신선한 뉴 패션디자인들이 요즈음 신세대들의 니즈에 딱 맞아 떨어지고 있는 것이다. 이들 20대 영파워 신세대 사장들은 신 현대식실점포와 인터넷쇼핑몰을 이용해 부족한 자본력과 뉴아이디어의 접목을 시도하면서 낮은 가격, 현대식 매장의 고급 이미지와, 자기 혼자 모든 걸 결정하고 해결해야 하는 자기 완결 기획과 생산판매시스템을 바탕으로 스피디한 패션동향과 시장 변화, 판매 관련 모든 정보를 신속하게 입수하여 재빨리 대처할 수 있는 시스템을 택하고 있다.

동대문 시장 패션몰들은 이러한 노하우를 바탕으로 급변하는 소비자들의 기호에 단시간에 따라갈 수 있는 순발력을 최대 무기로 활용하고 있다. 이들 현대식 패션몰들은 최근 철없는 10~20대를 위한 다양하고 복합적인 이벤트를 개최, 볼거리와 놀거리, 살거리를 동시 다발적으로 제공하여 보는 것, 먹는 것, 사는 것, 노는 것을 한꺼번에 제공하는 기발한 아이디어로 국내 고객들을 끌어들이고 있으며, 기획력과 단사이클 납기로 외국 바이어, 특히 동남아 바이어들을 불러들이고 있다. 그러나 내수 소비는 일시적인 거품현상일 수도 있으며, 디자인 카피, 가짜 브랜드 상품, 바가지상혼 등 산재해 있는 과제를 어떻게 풀어야 하는가? 의 여부에 따라 동대문시장 앞날의 흥망이 정해 질 것이다.

동대문의 진가를 느끼게 해주는 디자이너 겸 샵마스타 이지연씨(두타1층 해갈지인)

「두타족」이란 신조어 탄생

▶ 묘한 인연 두산타워

원래 두산의 창업주 박승직 회장이 1896년 당시 한양(서울) 배오개거리(현 종로 4가 예지동터)에 「박승직상점」을 개업해 주로 포목을 팔았다. 장사에 재간이 뛰어난 그는 포목장사로 돈을 벌어 1905년에 조선 민간인으로서는 처음으로 「광장 주식회사」설립에 참여한다.

이때 박회장은 팔을 걷어 부치고 본격적으로 의류사업에 뛰어든다. 일반적으로 두산하면 맥주가 본업인 것으로 생각하기 쉬우나, 옷이이 원조였으며, 현 광장시장이 원래 출발한 장소였다는 걸 알고 나면 동대문시장에 두산타워를 지었다는 것은 묘한 인연인 것이다. 두산(斗山)이란 한되 두되(斗) 조금씩 모아서 산(山)처럼 높이 쌓는 다는 뜻이다.

▶ 두타족

예전에는 멋쟁이 하면 「명동파」였으나, 두산타워가 개점하고 난 후로는 「두타족」이라는 신조어가 생겨났다. 이들은 10대 중 · 고생으로서 한손에는 두타 쇼핑백을 들고 다닌다. 바지는 1층 바지전문점에서 사서 일부러 찢어 입고 있다. 머리는 역시 두산타워 잡화코너에서 산 노란색 물들인 가발을 쓰고 있다. 이들은 물건을 사면 등에 메고 있는 백팩(Backpack)에다 넣고 다니기도 한다. 그리고 배가 고프면 햄버거하우스에서 햄버거에다 콜라를 마신다.

물건을 검은색 비닐봉투에 넣고 손에 쥐고 다니며 시장통에서 부침개나 순대를 사먹는 사람은 신세대 두타족이 아닌 쉰세대들이다. 그야말로「알몸으로 들어왔다가 머리끝에서 발끝까지 전부 치장하고 가는 원스톱(One-stop)쇼핑가」가 두타이다. 두타족들은 매일 하루 한 차례씩 이곳 두산타워에 들려 그날의 유행 감각을 익힌다. 하루라도 거르는 날이면 유행상품이 바뀌버려 친구끼리도 대화가 통하지 않아「왕따」를 당한다.

동대문마니아

▶ **월 매출액 1억 5천만원이 넘는 곳도 있다.**

특히 1층에 자리 잡고 있는 신세대들이 경영하는 L니트전문점는 점포 6곳을 터서 한 점포로 사용하면서 월 매출액만도 1억 5천만원을 뛰어넘는다고 한다.

뿐만 아니라 까다롭기로 소문난 일본바이어는 물론 동대문 상품을 홍콩, 타이완에도 자체 브랜드상표를 붙여 기획수출(ODM)도 하고 있다. 이 가게에서는 패션 어드바이져 역할도 해준다. 직원 6명이 손님 한 사람 한 사람에게 코디네이터 역할을 해주고 패션이미지 상담을 해서 손님에게 어울리고 세련된 스타일을 정해주는 것이다.

▶ **디자이너 출신 점포주가 대부분이다.**

숙녀복매장의 오너 대부분이 디자이너 출신들이다. 대개가 유명 백화점, LG패션, 이랜드, 대현 등 유명패션업체의 유명디자이너로 근무한 막강한 파워가 이곳 두타에 결집되어 있다. 패션 감각이 뛰어난 이들은 매장 디스플레이도 매일 바꿀 정도이다. 예를 들면 날씨가 우중충하면 거기에 어울리는 쥐색(Grey)톤, 화사한 날이면 경쾌한 파스텔(Pastel)톤의 제품을 앞쪽에 진열해서 손님의 시선을 끌게 한다.

▶ 고객 배려는 동대문 상권에서 최고

쇼핑을 하다보면 다리품을 팔 때가 많아 지치고 피곤해서 쉬고 싶을 때가 많다. 두산타워는 이를 고려해서 각층마다 휴게실을 만들어 편안한 소파와 작은 의자를 놓았다.

에스컬레이터 옆에는 쉬어갈 수 있는 쉼터가 있고 각 층마다 전망이 좋은 동대문역사문화공원쪽을 바라보며 음료수나 패스트푸드를 먹을 수 있도록 쾌적하고 아늑한 공간 만들어 놓았다. 다리품을 팔면서 쇼핑을 하다보면 피곤해지기 마련인데 재래시장에서 쉴 수 있는 곳이래야 고작 길가 노점상 앞에 쭈그려 앉아 순대나 떡볶이 정도 먹으며 한숨 돌리는 정도가 고작인 곳에 고객에게 편의시설을 제공하고 있다.

밀리오레 스토리텔링

▶ 첫 분양에 고전

동대문 밀리오레는 처음 분양을 시작했을 때인 98년 8월까지만 해도 입점 상인을 모집하지 못해서 발을 동동 굴렀다. 상가측에서는 주변상인들은 물론 남대문 상인들까지도 유치하기 위해 적극적인 판촉활동에 나섰었다. 그럼에도 불구하고 그처럼 입점이 저조했던 이유는 그 옆에 있는 3,000여개 점포가 들어있던 F대형쇼핑몰이 부진했기 때문에 그 여파가 매우 컷던 것이다. 헌데 그 상가가 활성화 되지 않고 한차례 부도라는 홍역까지 치르고 나자 그 여파가 옆 밀리오레에 까지

미친 것이다. 게다가 개점당시에는 IMF한파로 동대문시장 매출이 바닥으로 추락했을 때 이며 부동산 시장도 꽁꽁 얼어붙어 있는 상태였다. 이러한 열악한 조건 속에서도 신화처럼 떠오른 이유는 홍보 전략이었다. 밀리오레측은 당시 약 80억이라는 거금을 들여 개점을 위한 홍보비로 쏟아부었다. 그리고 이 홍보비용을 10대와 20대 젊은층을 공략하는 데 초점을 맞추어 사용한 것이 주효한 것이다.

▶ 10대와 20대를 잡아라!

밀리오레의 상가운영업체인 성창 F&D의 사장은 개점홍보를 위한 CF를 10대~20대의 기호에 맞춰 만들어 놓고 시사회를 가졌다.

대부분이 40~50대인 중년층이 참가한 이 시사회가 끝나자 이들은 크게 실망했었다.30대~40대를 주공략층으로 삼아야 성공한다는 고정관념과는 너무 거리가 멀었기 때문이다. 그래서 각 층별 대표들은 CF를 다시 찍을 것을 강력하게 건의했었다. 그러나 그는 이에 굴하지 않고 이 상가에서 근무하고 있는 10대~20대 50여명을 불러 놓고 재차 시사회를 가졌었다. 그 결과 이들 젊은 신세대들의 반응은 「뜰 것 같다.」「신선해서 충격적이다」라는 좋은 평 일색이었다.

밀리오레의 오픈은 1998년 8월 그러니까 IMF 한파로 한창 찬바람이 거세게 불고 있는 때 였으므로, 모든 게 침체해 있을 때였다. 유통업계 즉 백화점은 물론 재래시장까지도 찬바람이 쌩쌩 몰아칠 때였음에도 이를 비웃기나 하듯이 개장과 동시에 고객이 마치 상가이름 밀리오레가 「밀려오네」라는 이미지를 가져다주는 것처럼 밀려오기 시작했다. 밀리오레가 생기면서 동대문상권은 다시한번 일대 변혁이 일기 시작했으며, 이 바람은 전국을 강타하기 시작했다.

▶ 벤치마킹 대상

모든 시설은 백화점을 본뜬 것 처럼 만들어 놓고 손님을 끌고 있음에도 오히려 백화점들이 이곳을 벤치마킹 하는 장소로 변하고 말았다. 지금까지 일본 게이오대, 서울대, 연세대, 명지대, 한양대 등 국내외 각 대학들이 이곳 동대문상권의 마케팅전략을 케리스터디로 연구할 정도이며, 기타 미국, 타이완, 홍콩, 중국, 일본 등에서도 큰 관심을 갖고 연구대상으로 삼고 있다.

이제는 여중고생들 사이에 두타족(두산타워 마니아), 밀려오네족(밀리오레 마니아)이 많이 생겼다. 두산타워나 밀리오레 앞에 가면 항시 이들로 북쩍대는 것을 볼수 있다. 만남의 장소, 공연의 장소이기도 하지만 학교수업이 끝난 중고생 또는 직장에서 퇴근하는 직장여성들 사이에는 하루도 거르지 않고 이곳을 들러서 집으로 돌아가는 열성 동대문 중독파까지도 늘어나고 있는 추세이다. 그들 서울의 중고교생들 사이에 매일 이곳 동대문 빅쓰리를 안들리면 왠지 기분이 찜찜함은 물론 친구들에게서 왕따를 당할 정도라고 하며, 명동이나 이대앞, 신촌, 압구정동, 강남역 등보다는 이곳을 많이 찾는 편이다. 여기가 싸기도 하지만 대형건물에 수많은 점포가 있어 물건을 사지 않고도 여러 곳을 다 마음 가볍게 즐기며 볼 수가 있기 때문이라고 한다.

케레스타 앞 광장 놀이기구

명동이나 이대 앞 같은 곳은 가게 하나하나 들어가서 보고 나와 또 다른 가게를 들어가서 둘러보고 이런 식인데, 한번 들어가면 그 안에 있는 점원이 귀찮게 따라다니면서 물건을 사도록 권하므로, 부담이 가지만 이곳 동대문의 대형몰 안에서는 천천히 돌아다니면서 즐길 수가 있어 여유가 있고 마음이 편하다는 것이다. 게다가 아직도 재래시장 특유의 물건 값을 에누리해서 살 수 있는 재미가 있는 것도 매력 중의 하나이다. 백화점이나 기타 쇼핑가에서는 맛 볼 수 없는 즐거움이 있는 것이다.

변신이 빠르다

동대문하면 꾀죄죄한 아줌마가 좌판이나 노점(리어카)에서 앞치마를 두루고 손에 침을 「퇴퇴」하고 뱉어가며 돈을 세면서 순대나 떡복이를 파는 모습을 연상하였으나, 이제는 급속히 변하는 것을 실감나게 하는 것이 있다. 점차 신세대 취향에 맞는 롯데리아 햄버거가게 같은 패스트푸드점이 아주 세련되게 젊은이들 취향에 맞추어 내부장식을 하면서 늘어나고 있다는 점이다.

뿐만 아니라 재래시장에서는 찾아보기 힘든 이벤트 문화, 도입, 무역전시회 참가, 외국바이어 초청 등 세계화에 맞게 발빠른 변신을 하고 있다. 그리고 고객에게 노트북으로 자기가 운영하고 있는 인터넷쇼핑몰 속의 신상품을 보여주면서 팔고 있는 젊은 디자이너가 눈에 많으며, 스마트폰에 자기가 디자인한 신상(신상품)을 소개하는 디자이너도 점차 증가하고 있다.

땡 스토리

의류 유통단계에 「땡」이 가세한 것은 80년대 초이다. 우리경제가 불황을 모르고 고속성장하면서 대량생산이 활발해 졌고 이는 자연스레 대량 유통체제로 이어졌다. 체질화 된 대량생산은 결과적으로 과잉생산에 따른 과당경쟁 → 가격하락 → 재고축적으로 이어졌다. 여기다 제 3국 특히 중국, 베트남, 뱅글라대시 등 저가 수입품이 가세되자 경쟁력마저 잃게 되는 상황에서 IMF를 맞게 된다. 공급과잉, 가격폭락, 소비자 외면에 직면하면서 쌓이는 재고 처리방법을 해결할 수 있는 유일한 돌파구가 바로 「땡 처리」였었다. 「땡 처리」업체가 활성화되기 시작한 것은 바로 IMF위기 이후이다. IMF로 무너진 대형패션 업체들의 재고품을 처리하는 과정에서 이 「땡」업체가 맹활약하기 시작했다.

새마을 체육관, 장충체육관, COEX 전시관, 대학교강당 등을 빌려 매스컴을 동원해 대대적으로 홍보해 가면서 월 매출 10억~20억씩 올리는 대형 「땡 처리」전문 업체만도 국내에 10여개가 있으며, 수백「땡 처리」중소업체에 종사자만도 수 천 명에 달한 정도로 늘어났다. 그러나 과당경쟁으로 바닥을 치던 것이 요사이 한류열풍으로 중국, 인도, 남미, 아프리카 등에서 온 바이어들이 「땡」물건을 적게는 만장에서 10만장 단위로 사가는데, 단 메이드인 코리아 라벨이 붙어있으면 무조건 오케이 라고 한다. 98년 금융위기에 따른 국내불황을를 이러한 바이어와 요즈음 물밀 듯이 밀려오는 중국, 일본 관광객들이 그 자리를 메꾸어주고 있다. 또한 인터넷쇼핑몰에도 이값싼 제품이 인기짱이다.

테크노상가 야경 인터넷쇼핑몰상품 전문

▶ 의복 판매 과정

옷을 만들면 일반적으로 정상가 판매 → 바겐세일 → 행사(균일가전) → 땡 처리 이 4단계를 거치면서 소비하게 된다.

호황기에는 백화점이나 직영점에서의 정상가 판매 비율은 20~30%선이었으나, 요즘에는 10~20%선으로 뚝 떨어졌다. 신제품 10벌이 선보이면 1~2벌이 정상가로 팔린다는 계산이다. 이어서 바겐세일 단계로써 정상가로 팔리지 않은 신제품을 정상가에서 30~40%를 할인해서 판다. 이 때 4벌 정도가 정상가로 팔린다. 여기서 남은 제품은 요란하게 광고를 해서 「균일가전」인 행사에 들어간다. 할인폭도 50~60%선이며, 판매량도 30% 정도 된다. 그렇게 하고 나면 남은 제품은 원가도 건지기 힘든 가격에 넘겨야 하는「땡 처리」신세가 된다.

전체 판매물량의 10~20%선으로 1~2년 정도 지난 재고품이며, 팔리지 않는 재고품과 부도가 나서 처리하는 물건들이 여기에 속한다.

유명 브랜드와 시장 브랜드가 뒤섞여 처리된다. 「땡」물건들은 주로 동대문이나 남대문 또는 「땡」처리업자들 창고가 있는 분당, 일산, 파주 등 서울 외곽이나 둔촌동, 등천동, 장안동 근처에서 거래된다. 이와 같은 「땡」처리도 되지 못해 찬밥신세가 된 제품들은 무게로 달아서 「톤」당 얼마 하는 식으로 팔거나, 「컨테이너」당 얼마 하는 식으로 싸잡아서 팔아 치우며, 이렇게 넘겨진 제품은 세계 각국으로 팔려나간다.

그러나 유명브랜드 제품들은 이미지가 실추되는 것을 염려하여 「땡」처리를 하지 않고 태워버리거나 고아원 또는 양로원에 기부하기도 한다. 헌데 한류열풍이 이러한 물건들이 제 값을 찾을 수 있게 해 주고 있다.

▶ 「땡」물건 매입요령

상땡

「상땡」업자들은 10억이상의 자금력과 보관창고를 가지고 대형 체육관이나 백화점 매장 등을 임대해 판매 행사를 치른다. 한 번 매입할 때 보통 2만장 이상 되는 물건을 브로커(나까마)를 통하지 않고 직접 생산업자(Maker)와 거래를 한다.

> **〈해설〉**
> **속칭「나까마」** : 물건을 「땡」처리 업자들에게 소개해 주고 구전(소개비)을 받아먹는 브로커를 말한다. 이들은 속칭「가라오더(물건도 없이 창고에 보관 중이라고 속이고 계약하는 것)」로 업자들을 속이고 거래를 맺기도 한다.

태그(Tag)가격에서 8~10%에 구입한다.

중땡

평균 1억원 이상 되는 자금력으로 한번에 평균 1천장 이상 되는 물건을 구입하며 빈 사무실이나 주차장 등에서 판매 행사를 치르거나 「하땡」을 상대로 거래하며, 태그(Tag)가격에서 10~12%로 구입한다.

하땡

한번에 구입하는 단위가 100장 정도이며 거리의 노점상이나 트럭행상들이 많다. 태그가격에서 12~14%로 구입한다.
대부분 이들은 사무실에 샘플만 몇 장 덜렁 걸어놓고 물건은 창고에 있다고 말하고 거래를 성사시키려고 한다. 따라서 이들과 거래를 할 때는 반드시 물건을 확인한 후 건네받고 난 후에 지불해야 속지 않는다. 「땡」물건은 경기가 나쁘거나 공급과잉이어서 부도내는 회사가 많거나 재고가 쌓일 경우에 많다.

▶ 동대문 은어

동대문시장에서 도매값으로 물건을 사려면 상인들끼리 사용하는 은어를 잘 알아야 같은 상인으로 대접을 받는다. 물건을 사러 돌아다닐 때는 사입가방(상가에서 팔거나 나눠준다)과 메모노트, 디자인기획서(그림이나 패션잡지스크랩)를 갖고 다니면서 은어를 써야 도매값에 구입할 수 있다.

상인용어

- **간지 :** 감(feeling)의 일본어
- **고미 :** 일본어 구미(조)가 바른 말이며, 사이즈별 칼라별로 구색을 갖춰놓은 묶음을 말한다
- **깔 :** 색깔의 줄임말
- **나오시 :** (불량품을)고치다 라는 일본어
- **다이마루 :** 환편니트(한 가닥의 긴 실로 다 짜놓은 옷감)
- **단가라 :** 줄무늬(스투라이프)
- **대봉 중봉, 소봉 :** 쇼핑백의 큰 것, 중간 것, 작은 것
- **땡 :** 팔다 남은 재고품
- **만식이 :** 동대문 물정모르는 사람을 '호구'로 취급할 때 쓰는 말
- **무지 :** 단색
- **미송 :** 필요한 물건이 다 팔리고 없을 때 다시 만들면 그 것을 사는 조건으로 선금을 내는 것.
- **시따 :** 보조자의 일본말
- **사입언니 :** 동대문시장에서 상품의 구입을 맡고 있는 사람으로 머천다이저역할을 하고 있다.
- **삼촌 :** 가게의 남성(오너나 점원)을 부를 때 쓴다
- **신상 :** 신상품
- **아도 :** 매장에 남아있는 상품을 전부 사는 것(일본어)

- **완사입 :** 구매에서 반품까지를 책임지면서 물건을 사는 것
- **언니, 이모 :** 점포의 여성오너나 점원을 부를 때 쓴다.
- **이미 :** 이미테이션
- **장끼 :** 영수증의 일본어
- **장차 :** 전세버스
- **탕 :** 옷감을 염색할 때 한 단위별로 하는 것
- **파스 :** 제품을 생산하는데 걸리는 시간

동대문파「은어」

- **펑크 짱! :** 짱(최고다)
- **깔식 :** 깔치(애인)가 생기면 친구들 앞에서 공개적으로 키스와 같은 가벼운 애정 표현을 함으로써 애인 사이임을 공표한다.
- **동알바 :** 동대문 시장에서 아르바이트 하기
- **두타 :** 두타(頭打), 두산타워의 준말로써「골 때린다」라는 뜻이다.
- **담탱이 :** 담임 선생님
- **딸딸이 쳤다 :** 자위행위 했다.
- **물개 :** 물론이야, 개자식아!
- **빡간다 :** 굉장히 화났다.
- **족밥 :** 날라리 축에도 못 끼는 애들이 날라리인 척 하는 애들
- **존나 :** 「좆나게」의 준말로써 매우, 굉장히 라는 뜻이다.
- **방콕파 :** 방에 콕 파묻혀 있는 사람
- **사입자 :** 물건을 대신 사주는 사람
- **춤한다 :** 「춤춘다」(춤꾼은 춤춘다라는 말을 쓰지 않는다.)
- **택씨 :** 「택도 없다, 씨팔놈(년)아!」의 준말
- **캬캬부대 :** 오빠부대

굿모닝시티 마니아

제2장 - 동대문 시장하면 떠오르는 이미지

1. 동대문시장 역사

원래 동대문밖에 자리잡고서 남자들은 들어갈 수가 없는「푸성귀시장(현 숭인동에 있는 숭신 초등학교 자리)」으로 주로 채소를 파는 채소시장이었다. 이 시장이 생긴 연유는 다음과 같다.

조선왕조 때 수양대군이 어린 조카 단종을 영월로 내 쫓고 왕위에 오르자 단종의 왕비였던 송비는 궁성으로 들어갈 것을 거부하고 동망봉 아래 초가암자(현, 숭인동 청용사 부근)에서 어렵게 살았다. 이때 송비가 수양대군이 보내주는 양식도 마다하고 손수 옷감에 물을 들여 근근히 생계를 이어간다는 소문이 장안 아낙네들 사이에 퍼지자 부녀자들은 불쌍한 송비를 도우고져 채소, 과일 등을 들고 장을 세웠는데, 정부에서는 이를 금지시켰다. 이때 아낙네들은 정부의 감시를 따돌리기 위해 채소시장을 만들고 밀고자들을 막기 위해서 8세 이상 남정네들의 출입을 막았다. 한 가엾고 가련한 여인을 돕기 위한 조선 아낙네들의 자랑스러운 이야기가 전해 내려오는 이곳 동대문 밖 푸성귀시장은 오늘날 동대문시장의 뿌리이기도 하며, 한국 여성사에 빛나는 업적을 세운 곳이기도 하다. 그후 당시 성문안 광장시장이 자리잡고 있던 현 예지동 터에 배우개 또는 배우개 장이 섰었다. 그때에는 어렵사리 성문 안에 장을 세웠으나 정부에서 주도하는 시전의 위세에 눌려 상설점포는 없었고 물건도 마

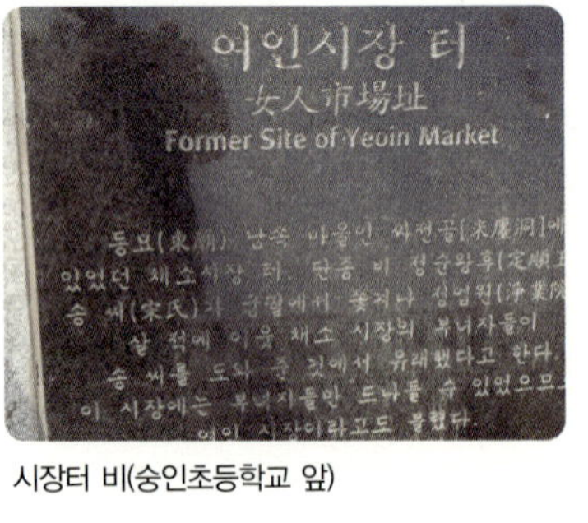

시장터 비(숭인초등학교 앞)

음대로 사고 팔 수조차도 없었다. 그러나 배오개시장은 장안 서민들의 일상용품 구매상 역할을 충분히 해가면서 나름대로 발전해 간다.

▶ 1905년 7월 5일 대한제국(고종42년) : 국내 최초 근대식 시장

명칭은 광장주식회사(광교와 장교 사이에 있다고 해서 머릿글자만 땀)라고 했으며, 그 당시 거금 10만원을 출자했으며 설립자는 모두 4명이었다. 고종의 비서실장격인 김종한, 국내성대신 이봉래, 두산그룹을 설립한 박승직, 거상 홍충현 등이었다. 이곳은 원래 미나리밭이였는데, 뚝섬에서 모래흙을 퍼와 터를 닦고 건물을 세웠다.

당시 시장건물은 지금 청계천5가 양쪽에 행랑을 짓고 두 건물 사이에 상가를 세웠다. 그리고 최초로 고무신이 등장하고 양동이, 빨래비누, 가루치약, 옥양목 등 생활용품을 팔면서 장안 아낙네들을 끌어들였다.

▶ 일제시대 : 일제의 가혹한 공출속에서도 굴하지 않고 끈질긴 생명력으로 버텨나갔다.

▶ 1950년 한국전쟁

잿더미로 변해버린 동대문시장은 피난에서 돌아온 상인들이 천막을 치고 장사를 시작하면서 점차 발전해 간다. 이들이 사고 파는 물건이래야 고작 헌옷가지나 가재도구 정도를 서로 맞바꾸는 물물교환형태였었다.

▶ 1954년

광장시장을 중심으로 콘크리트 건물을 짓고 지금의 상권을 이루게 된다. 그리고 구호물자나 미군부대에서 흘러나온 미군수품, 밀수품거래로 활기를 띤다. 미군복이나 담요를 잘라 붙여 만든 의복이나 미군화 기타 씨-레이션, 쵸코렛, 껌, 캔, 우유가루, 치즈 등이 주종상품이었다. 이때 동대문시장은「구호물자시장」으로 불릴 만큼 유명했으며, 주로 전쟁난민이나 전쟁고아들을 위해 유엔이나 외국원조단체에서 보내온 물건들을 빼돌려 팔던 속칭「야미」시장이기도 했다.

이러한 상권을 형성하기 까지는 6 · 25한국전쟁 당시 피난 내려온 이북사람들의 영향이 컸다. 이들은 정든 고향을 등지고 맨손으로 간신히 몸만 빠져나온 사람들이라서 가게를 마련 할 장사밑천이 없었다. 그래서 청계천변에 천막을 치고 천막노점에서 옷장사를 시작한 것이다.

광장시장

▶ 1958년

대 화재로 2,000여 노점이 불타고 난후 61년 새로 지은 건물 상가 이름을 평화를 염원하다는 뜻으로 평화시장이라고 지었는데, 이것이 근대 동대문시장의 효시라고 할 수 있다. 이때부터가 전성시대라고 할 수 있으며, 주로 국내직물 · 섬유, 청과, 소채류를 팔았다. 1만여 점포에 하루 20만명 이상의 고객이 몰려 성황을 이루었다. 한편 미국의 구호물자가 중단되면서 나이론이나 T/C(테토론과 커튼의 합성섬유) 등 화학섬유가 등장하면서 1층에서는 의복을 팔고 2,3층에는 봉제공장을 차려 의복을 만들게 되었다. 이러한 변화 속에서 신평화, 청평화, 동평화, 남평화, 제일평화, 운동장평화 등이 생기면서 도매시장을 형성한다. 이 과정을 겪으면서 동대문종합시장과 청계천신발상가 그리고 가방, 모자상가 기타 평화시장의 헌책상가가 생겨났으며, 그 옆 종로5가 약재상가와 종로4가 시계골목, 기계공구상가 을지로쪽 그릇, 가구, 건자재, 페인트, 화공약품, 인쇄상가 등이 자연스럽게 모이게 된다.

▶ **1997년**

IMF외환위기를 경계선으로 대형현대식쇼핑몰이 생기기 시작하면서 동대문시장은 재래시장 이미지를 벗고 현대화한다. 그후 옥션, G-마켓, 인터파크, 11번가 등 대형인터넷쇼핑몰들이 활성화되면서 동대문상품의 매출은 인터넷쇼핑몰에서 급속히 증가하면서 젊은 디자이너들이 각광을 받기시작한다.

평화시장전경

2. 동대문 시장 이미지

한국은 1997년 10월 거품경제가 완전히 빠져버리고 국가가 부도위기에 처하자 IMF(국제통화기금)로부터 기금을 빌려서 간신히 국가가 망하는 걸 막게 된다. 그리고 제2의 한일합방에 버금가는 치욕적인 IMF의 관리체제로 들어간다. 이러한 환란을 동대문시장 상인들은 끈끈한 저력과 특유의 억척으로 극복해가면서 세계시장 속에서 패션밸리로 각광을 받으며 급부상한다. 항시 동대문시장 하면 때 묻은 앞치마에 돈전대를 차고 엄지손가락에 침을 「퉤퉤」뱉어가며 손님에게 물건 판 돈을 세고 있는「또순이」장사꾼 아줌마나 새벽 일찍부터 열심히 지게로 짐을 나르는 지게 아저씨를 연상케 하였다.

그러나 이제는 노트북 들고 장사하는 신세대 「젊은이들의 패션특구」로 변신하였고, 유명 브랜드 디자이너와 빠리, 밀라노, 미국, 일본 등 패션대국에서 선진 패션 디자인을 공부하고 온 유학파들이 곧바로 패션현장에서 자신의 작품을 만들어 내놓고 팔리느냐, 안팔리느냐로「진검승부」를 겨루어 자신의 능력을 테스트할 수 있는 장소로 각광받고 있다.

이곳 시장상인들은 이제 더 이상 동네장사로 주머니돈 챙기는 우물 안 개구리에 만족하지 않고 판매대상을 동남아 및 세계시장으로 돌리기 시작했다.

이들은 나라가 없었던 유대인들이 뉴욕의 중심상가를 장악하고 세계금융시장을 좌지우지하는 은행재벌, 증권재벌들을 손에 쥐고 흔드는 것처럼 세계 패션시장을 손에 넣는 것이 꿈이다.

그들에게는 유대인에게 결코 뒤지지 않는 개성상인들과 보부상들의 끈끈한 저력을 이어받았다고 믿는 구석이 있기 때문이다.

동대문시장에 운집해있는 매장들은 대부분이 점포하나에 재봉틀 두, 서너 대 달랑 가지고 서너 명이 일하는 가족형 가내 수공업형태로 생산공장을 운영하고 있는 것이 특징이다.

▶ 어제 빠리 패션이 오늘 동대문에 등장한다.

따라서 프랑스, 이태리, 홍콩 등에서 국제패션쇼가 열려 새로운 디자인이 선보이면 그와 비슷한 상품이 빠르면 그 다음날 동대문시장에 등장한다.

각 매장의 오너들 특히 신세대들은 인터넷이나 TV를 통해 해외패션쇼를 보면서 등장하는 뉴패션을 스케치해서 이를 만들기 위해 날밤을 세워가면서까지 곧바로 제품을 만들어 점포에 내놓기 때문에, 늦어도 이틀에서 3일이면 소비자들이 입고 다닐 수 있는 뛰어난 순발력과 민첩성이 특기이다.

이는 세계 어느 나라 상인들도 따라 할 수 없는 동대문 상인만이 지니고 있는 특유의 저력이며 억척이랄 수 있다.

이러한 저력과 억척은 어디에서 나왔을까?

길게는 600여년전 조선왕조 세조에 의해 왕위를 빼앗긴 단종의 왕비로 온갖 박해를 받았던 송비를 돕기 위해 정부의 감시를 피해 푸성귀 시장을 만들어 시위하면서 도왔던 조선시대 아낙들의 의지, 일제시대에는 일제의 온갖 정치적 탄압과 경제적 수탈 속에서도 굳건히 조선인 특유의 상권을 지켜 온 상인들, 이들은 갖은 박해와 수난 등 악조건 속에서도 기술을 배우고 경험을 쌓아가며 돈을 벌었고 몰래몰래 지식을 습득해 왔었다.

뿐만 아니라 일제의 부당한 차별 대우와 간섭에 대항하면서 살아남기 위해 몸부림쳐 왔다. 그처럼 고달픈 삶에 적응하지 못하고 좌절한 나머지 자살을 선택한 상인들도 부지기수였다.

그 후 해방을 맞았고 이어서 한국 전쟁 때는 이북에서 피난 내려온 억척의 상징인 함경도 또순이나, 싸울 때면「에이 쌍, 종간나 새끼」라는 욕과 함께 박치기로 유명한 평안도 즉, 이북사람들이 많다.
'이러한 저력과 억척은 유대인도 일본인도 화교도 따라 잡지 못하는 동대문상인들만의 특기라고 할 수 있을 것이다. '안 먹고 안 입고 안 자면서' 억척스럽게 돈을 모은 그 동대문상인들의 체취가 아직도 물씬 베어 있는 곳이 바로 동대문시장 바닥인 것이다.

동대문(성루)

▶ 1396년(태조5년)에 지은 문루이며 보물 제1호이다.

원래 동쪽이 기가 약하다는 풍수지리설에 따라 흥하라는 뜻으로 흥인지문(興仁之門)이라고 이름지었으며, 흥인지문의 인은 음양 5행설 중에 목(木)에 해당하며 이는 동쪽을 뜻하므로 흥인은 동쪽이 흥하다는 의미이다. 한편「왕도의 동쪽이 약하거나 낮으면 임금의 큰아들이 잘 안된다」고 하여 이곳의 땅을 높게 다져서 공사를 했다..
동대문에 얽힌 일화는 여러 가지가 있다.
옛날 이를 짓고 나서부터 국난에 처할 때 마다 동대문이 기운다고 하였다. 그 대표적인 예가 세조에 의해 단종이 영월로 끌려갈 때, 임진왜란, 병자호란, 한국전쟁(6.25)때였다고 한다.

▶ 천덕 꾸러기 전라도 사람들 집합소

삼국시대 백제가 망하고부터 천대 받아오던 백제 사람들은 그 뒤를 이어 고려 때 태조 왕건의 훈요 10조에서도 남녘사람 등용하지 말라는 유시가 있을 정도로 푸대접을 받았었고, 조선왕조 때 와서도 유배지 아니면 정여립의 난(1589년)으로 역적이 많이 나온 곳이라고 천대 받았으며, 그 뒤 전주에서 일어난 동학혁명(1894년)으로 이어 지자 얼마

전까지만해도 동학난이라고 까지 난으로 단정해 비하 하면서 역적 취급을 해왔었다.

동대문(興仁之門)

해방후에는 여순반란 사건(1948년) 그 뒤 최근에는 광주 민주화 운동(1980년) 으로 이어지면서 찬밥 신세를 많이 당해 왔고 천대받았던 이 지역사람들은 자기 고향에서는 할만한 일거리가 별로 없었다.
특히 보릿고개(봄에서 초여름까지 겨울용으로 준비한 양식이 다 떨어질 때쯤)를 넘기기 힘든 수많은 전라도 사람들은 일자리를 찾아 무작정 서울로 올라왔다.
그리고 그들은 노점상이나 지게꾼, 점원 등 그야말로 밑바탕부터 빡빡기면서 일을 시작해야 했다.
이들을 빗대어 전라도 사람들에게 주어진 별명이 많다.
「따블빽」 전라도 시골사람들이 서울행 완행열차를 타고 무작정 상경하면서 올라오는 동안 객지에서 살면서 입고 지낼 옷을 군용 따블 빽안에 넣어 가지고 오는데, 그 옷이 없어질까 봐서「내 따블빽, 따블빽」하고 따블빽을 꼭 껴안고 중얼거리면서 온다고 해서 붙여진 별명이다.
그밖에도「하와이」,「텍사스」,「아랫녘」,「라도치」등 비하하거나 깔보는 투의 별명이 많다. 일종의 따돌림이다.
그처럼 천덕꾸러기로 살아온 탓에 전라도 지방 사람들 특히 여성들은 대부분 생활력이 무척 강하고 억세다.
여자들도 대개 6~7세가 되면 식구들 밥짓고 빨래까지 하기 시작하며 애기 업고 집안살림까지도 도맡아 한다. 따라서 생활력이 강해지고 억척스러워지는 것이다. 그래서 전라도 물캐쟁이는「고추가루 서말을 퍼먹고 뻘밭 100리를 기어간다」라는 말이 있을 정도로 지독하고 생활력이 강하다. 물론 평안도 사람들도 이에 못지않게 억세지만 전라도 사람에게는 당해내지 못한다.

▶ 박치기 대 물캐쟁이

옛날에 평안도 박치기와 전라도 물캐쟁이가 한판 싸움을 벌렸다. 원래 평안도 박치기는 싸움꾼이라서 누구도 상대 할 사람이 없을 정도로 박치기의 명수였다. 싸울때면「에잇 썅간나」하면서 박치기로 선수를 치면 상대방은 멀리 나가 떨어져 버릴 정도로 싸움질을 잘 한다.

이 두 사람이 싸우던 중 역시 평안도 박치기가「에잇 썅」하면서 박치기로 받아 버리자 전라도 물캐쟁이가 보기좋게 나가 떨어졌다. 이겼다고 폼을 재며 으시대고 있는 평안도 박치기에게 전라도 물캐쟁이는「핫하하」웃으면서「너 코를 봐라」하면서 입에서 무언가를 질겅질겅 씹고 있었다. 평안도박치기의 코를 물어뜯어 씹고 있었던 것이다. 물캐쟁이가 단판에 이겼다고 하는 우스게 얘기가 있다.

이 정도로 전라도 사람들은 억세고 지독하다고 하여 독종이라고도 한다. 또한 이북사람들도 피난 내려온 탓으로 친인척같은 연고가 없고 역사적으로 전라도 사람들과 마찬가지로 차별대우를 많이 받아왔다.

고려시대에는 정지상의 난, 묘청의 난, 그리고 조선왕조 때에는 이시애의 난, 이징옥의 난, 임꺽정의 난, 홍경래의 난으로 이어지며 심지어는 함경도 민란도 일어났었다.

난이 많이 일어났다는 사실은 그만큼 푸대접을 많이 받아 불평불만이 쌓여있었다는 증거이기도 하다. 조정에서 일하다 밀려나거나 좌천되는 곳이 서북지역이였으며, 그래서 외직이나 한직이라고도 불렀던 것이다.

게다가 6 · 25 전쟁 후에는 이북에서 피난 내려온 사람들에게 「이북치」,「함경도 아바이」,「아바이 동무」,「종간나 새끼」,「박치기」등 비하하거나 천대하는 투의 말투가 엄청나게 많다.

남한사람들 터전에 북한사람들이 넘어와 터잡고 사는 것이 눈꼴사납다는 뜻일 것이다. 이처럼 전쟁이 끝난 후 남한 사람들의 편견에 부대끼며 살다가 참기 힘들자「좁은 땅에서 이리 밀리고 저리 밀리며 천대받고 사느니 차라리 넓은 땅으로 떠나자」라고 결심하고 미국이나 캐나다 등 미주로 무작정 이민간 실향민이 무려 10만여명이다.

이들은 현재 대부분 그 낯선 외국땅에서 중상류 생활을 하고 있는 데, 이는 피눈물 나는 피난길과 천대받았던 타향살이로 인한 설움을 이겨낸 강인함이 몸에 밴 탓일 것이다. 주위사람들 중 결혼을 할 때 단지 전라도나 이북출신이라고 해서 집안 어른들의 반대로 뜻을 이루지 못한 케이스는 그렇게 어렵지 않게 볼 수 있었다.

물론 지금 남한 사람들의 그러한 편견은 많이 사라졌다. 그러나 아직도 실향민들은 98년 퇴출당한 이북 실향민 최초의 동화은행이 이북사람에 대한 차별대우의 대표적인 사례라고 공공연히 말하고 있다.

동남대문 시장에는 이러한 잠재의식을 갖고 있는 전라도나 이북 실향민 출신들이 많다. 그래서 세파에 시달려 오면서 다져진 그들의 끈기와 저력이 오늘날 동남대문시장에 뿌리를 내리게 된 원천이 되었을 것이다.

한국경제의 원동력이랄 수 있는 끈끈한 저력「함경도 또순이」, 「평안도 박치기」와 「전라도 따블백」들의 대표적인 활동무대라고 할 수 있는 동대문시장의 대명사는「새벽시장」이기도 하다.
우리들이 동대문시장하면 떠오르는 이미지는

■ 단순히 한국에서 가장 오래된 재래시장 또는 순대국과 떡볶이 그리고 돼지머리 아니면「골라골라」하고 소리쳐 대며 손님을 끄는 노점상
■ 주부들이 저녁 찬거리 장만하러 나왔다가 콩나물, 생선 한 마리 사면서 10원, 100원 에누리해서 사는 그 정취어리고 서민들의 애환이 듬뿍 담긴 시장,
■ 불이 났다하면 모조리 타버리는 곳.
■「짐이요 짐이요」소리치면서 지나가는 지겟꾼 아저씨가「퉤」하고 길가에 가래침 뱉아 놓고 신발로 쓱쓱 비벼대는 지저분한 곳이었다.

그러한 곳이기에 억척스러움과 끈끈한 저력을 바탕으로 IMF(1997년)와 국제금융위기(2008년)의 한파속에서도 살아남을 수가 있었던 것이다.

조선시대 때는 삼베와 비단으로 시작해서 해방후에는 미군군복이 주요 취급 품목이었으며, 당시 멋쟁이의 대명사였던 영화배우나 가수들조차도 이곳 동대문에서 흘러나오는 미군군복이나 구호물자를 사 입을 정도였었다.

그리고 한 때는 군인 전투복을 새까맣게 물들여 입고 다니는 멋쟁이 대학생들의 패션을 창조하기도 한 곳이다.

세계가 벤치마킹하고 있다

게이오 대학 시마다하루오(경제학부)교수 인솔하에 경제학부학생 62명이 다녀갔다. 일본 수상의 경제정책자문 위원장을 맡고 있던 시마다 교수는 「실물경제의 대표적인 현장이 바로 동대문시장이다」라고 제자들에게 소개하고 있다. 기타 패션기업들은 물론 대형 유통업체(시부야에 있는 백화점 관계자 60여명)들도 동대문을리 배우고 있다.

미국의 상원의원 보좌관들, 상공회의소 간부, 타이완 백화점, 홍콩, 중국의 대학연구소가 앞다투어 벤치마킹하고 있으며, 동대문상품을 샘플로 사가고 있는 사실은 별로 놀라운 일이아니다.

청소년들에게 녹색지역

어둠이 깔리면 낮보다 더 휘황찬란하고 북적대는 도심지 유흥가같은 분위기가 연출되면서 이곳으로 몰려드는 청소년들로 밤의 열기가 더 뜨거워진다.

이 주변에는 있을 법도 한 현란하고 눈부신 네온사인이 반짝이는 유흥업소나 홍등가는 찾아볼 수 없으며 대신 상가 앞에 설치한 대형 멀티스피커에서 토해 내는 광란의 음악이 젊은이들을 흥분의 도가니로 몰고 간다. 뿐만 아니라 상가마다 이들 젊은이들을 위한 라이브무대가 뜨겁게 달아오르고 있다.

풋내기 백댄서에서 인기 톱가수에 이르기까지 이 무대를 오고 간다.

누가 등장하든 간에 열광하는 오빠부대의 함성과 괴성이 하늘을 찌를 듯한 힘을 발산한다.

학교수업이 끝난 「고딩(고등학생)」들이나 대학생들, 기타 직장에서 일을 마친 젊은이들에게 젊음을 발산하거나 청춘의 끓는 피를 쏟아낼 수 있는 공간이 우리나라에는 너무 부족하다. 그래서 그들은 밤이 무섭다. 기껏 찾아가는 곳이라면 호프집이나 콜라텍 아니면 당구장, 카페 정도에서 방황하고 있다.

그들이 가는 곳이라고 해야 압구정동, 대학로, 이대앞, 신촌 로터리, 강남역 등이나 그러한 곳에 가보면 호스티스를 고용한 수많은 유흥업소들이 즐비하게 늘어서 있다.

심지어는 대학가나 주택가에서 매춘을 일삼는 룸싸롱, 오피스텔까지 번창하고 있는 것이 우리의 현주소이다.

그러나 동대문쪽에는 있을 법도 한 그러한 곳이 눈에 띄질 않는다. 그리고 불량 청소년들이나 불량배들도 보이질 않아 부모들이 안심하고 자녀들을 내보낼 수 있는 녹색지대이기도 하다.

동대문에 가면 쇼핑만 할 수 있는 곳이 아니라 이제는 영화관 (굿모닝시티), 동대문역사문화공원(옛 동대문운동장)이 있으며 마음껏 노래하고 춤출 수 있는 야외 라이브 무대(굿모닝시티, 두타, 밀리오레 앞 광장)가 자리 잡고 있다. 뿐만 아니라 대학가에서도 볼 수 없는 서점가가 청계천 5가에서 황학동까지 줄을 잇고 있다. 그리고 동대문역사문화공원역 근처 광희동방향과 굿모닝시티 지하에 있는 스포츠용품상들은 물건을 싸게 팔면서 청소년들에게 소비를 줄이는 절약의 미덕을 가르쳐 주고 있으므로, 이제 동대문은 청소년 선도역할을 단단히 해가고 건전 문화공간으로 자리잡고 있다.

뜨거운 동대문 밤의 열기

3. 동대문 패션밸리의 24시

▶ 저녁 6시 : 출근시간「호스티스 인가봐」

동대문에서 점포를 경영하고 있는 샵마스터(Shop master;주인)나 패션딜러(Fashion dealer;판매사원)들이 많이 살고 있는 곳은 교통편이 좋아 30분 이내에 오갈 수 있는 동대문에서 가까운 곳으로 아현동, 창천동, 만리동, 후암동, 신당동, 창신동, 성수동, 신설동, 장안동 등이다.

그들은 저녁 6시쯤에 화장하고 출근한다. 그 시간에 직장에 나가는 여성이라면 밤업소에 나가는 호스티스가 대부분이라 잘못 오해받는 사례가 많다. 특히 아파트 단지 내에서는 이웃간에 얼굴을 잘 모르기 때문에 저녁에 일하러 나가니 이웃주민들이「호스티스인가봐---」라고 수근대던 소리를 들어 본적이 있는「동대문 언니」들이 상당히 많다.

그들은 패션업에 종사하므로, 화장도 진하고 세련되게 한다. 게다가 옷차림까지도 밤업소 호스티스처럼 튀는 복장이니 그렇게 오해받을 수밖에 없을 것이다.

▶ 저녁 7~8시

「푸식」지하철 문이 열리는 소리와 동시에 우루루 쏟아져 나오는 승객들- 그 혼잡함 속에서도 발길은 모두가 동대문 시장 쪽으로 향하고 있다. 버스, 택시들은 인도가 아닌 차도에 승객들을 쏟아놓고 「뛰뛰빵빵」귀가 따갑게 크락숀을 울려 대며 빠져 나간다.

무거운 짐을 싣고 아슬아슬하게 지그재그 곡예 하듯이 차량 사이사이를 빠져 나가는 오토바이 퀵서비스아저씨들. 이때쯤이면 모두가 퇴근하는 러시아워이다. 그러나 동대문에서는 출근전쟁이 벌어지고 있는 것이다. 가게 문을 열어야 할 시간이 다 되면 늦지 않으려는 샵마스터들의 뛰어가는 「또각또각」하이힐 소리.

밤 시장을 겨냥한 동대문 일대는 밤을 밝히는 현란한 조명들로 밤을 잊게 된다. 예전 이 시간이면 동대문에는 일이 끝나 캄캄한 밤의 적막이 깔리기 시작했고 젊은 여자들이 다니기에는 왠지 으스스한 기분이 드는 곳이었다. 여기저기 쓰레기가 쌓여 있거나 휴지조각들이 스산한 바람에 뒹굴고 있었고 오가는 행인들의 발길도 뜸할 시간이었다. 그러나 이제는 서울에서 가장 복잡하고 인파가 붐비는 곳으로 변했다.

서울의 중심지 명동보다도 영동의 어느 유흥가보다도 더욱 번화하고 화려한 곳으로 탈바꿈해 버린 것이다.

▶ 리틀「시부야」

동대문의 밤거리는 도쿄의 최대 패션가인 시부야 거리와 조금도 다른 게 없다. 머리에 노랑, 빨강, 파랑 물을 들인 폭주족, 밀리터리(Militery)족, 애니멀족, 힙합 패션 차림의 젊은이들을 보는 것은 어렵지 않기 때문이다. 뿐만 아니라 귀걸이를 하거나 사각 머리패션을 한 남자, 군복에 군화를 신은 여자들이 인기가수그룹 소녀시대나 카라의 노래가 흘러나오는 대형 멀티 모니터와 스피커 앞에서 음악에 맞춰 몸을 흔들어 대거나 담배를 꼬나 피우고 있는 여학생들의 모습이 눈총을 받지 않을 정도로 어울리

밀리오레 앞 무대 이벤트

는 분위기가 연출되고 있는 곳이다. 스케이트보드를 즐기는 청소년들도 자주 눈에 띄는 곳이다. 마치 도쿄의 시부야 거리를 떼어다 놓은 것 같은 느낌이 드는 곳이다.

▶ 밤 11시 이후

이때 쯤이면 동대문 밤의 열기는 한껏 달구어 진다. 청소년, 대학생, 직장인, 머리카락 가닥을 서너 개 물들이고 갖난 아기를 안거나 업고 나온 신세대 부부, 가족단위 쇼핑객, 외국인 관광쇼핑객들로 인도는 뒤범벅이 되면서 인파 속에 묻혀 버린다. 이 시간을 전후해서 지방소매상인들을 태운 대형버스가 속속 동대문에 도착하기 시작한다. 지하철도 막차가 떠나 끊길 시간대가 가까워진다.

▶ 오전 1시

외국 바이어상들이 물건을 사가려고 나타나는 시간이다. 요즈음 동대문이 외국인 천지로 변했다. 마치 유엔 총회장을 연상케 하듯이 세계 각국 바이어들이 몰려드는 곳이다.

- **일본 바이어 –** 디자이너 클럽, 신평화시장, 제일 평화시장, 청평화시장, 광장시장(백산상가) 등
- **중국권(타이완, 홍콩, 중국)바이어 –** 팀204, Apm, 누존, 아트프라자, 남평화, 테크노 등
- **러시아, 중국바이어 –** 평화시장, 동평화
- **외국인 관광객이나 소매상 –** 두산타워, 밀리오레, 헬로Apm, 굿모닝시티 등 서부 소매상권

이 시간이 되면 상인들은 졸음을 쫓기 위한 졸음과의 전쟁이 시작된다.

▶ 새벽3시

포장마차

쇼핑에 열중하던 손님들, 장사에 넋이 빠진 상인들 모두가 출출함을 느끼게 되는 시간이다. 먹거리하면 순대에 기름기가 번지르해 보기만 해도 느끼해 오는 돼지족발, 그리고 매콤달콤 닭꼬치구이, 따끈한 오뎅국물, 느끼하면서도 고소한 맛이 나는 닭똥집,「후루룩」단 20초면 한 그릇 해치울 수 있는 따끈한 오뎅 국물에 말아주는 속칭「우동(가락국수)」모두가 동대문 시장이 원조라고 한다. 원래 길거리 좌판에서 함경도「아바이」들이 처음 시작해서 지금까지 이르렀다고 하는 얘기도 있다. 뿐만 아니라 빈대떡, 부침개, 튀김이면 튀김, 과일이면 과일, 김밥, 만두, 찐빵, 라면, 메밀국수 등 먹거리라면 없는 게 없는 포장마차가 동대문종합상가 옆에 즐비하게 늘어서 있다. 하얀 모자에 가운까지 일류요리사 못지않은 단정한 차림을 한 주인 아저씨, 쳐다보기만 해도 배가 부를 것 같이 푸짐해 보이는 뚱뚱한 아줌마의 손맛으로 척척 만들어 내놓는 음식들. 모락모락 솟아오르는 음시물의 하얀 김이 쇼핑객들의 발걸음을 멈추게 한다. 쇼핑으로 허기진 배를 채우기에는 안성마춤인 곳이다.

동대문시장 빈대떡에 막걸리와 소주

▶ 상인들 새벽식사시간

쇼핑객이나 소매상, 바이어들이 빠져나간 이 시간이면 상인들의 새벽식사 시간이 된다. 장사하느라고 배고플 여유조차 갖지 못했던 상인들이 그제서야 출출함을 느끼게 되는 시간이다. 이때부터는 근처의 분식집, 지하식당가 등의 배달 아저씨, 아줌마들이 바삐 움직이는 시간이다. 상인들이 주문한 음식을 쟁반에 올려놓고 머리에 이거나 들고 아슬아슬하게 곡예하듯이 요리조리 점포 사이사이를 빠져 다니면서 음식을 배달한다. 상인들은 이 배달해온 음식을 먹으면서 그날 장사한 매상액을 셈해보거나 만들어야 할 물건 등에 관한 얘기를 나누면서 정보를 교환한다.

힙합, 브레이크 댄스 등 구경거리

▶ 시대의 흐름을 타는 댄스경연대회

매일 공연시간이 상가에 따라 다르지만, 저녁 8시쯤 되면 두타(두산타워)와 밀리오레, 헬로에이피엠, 굿모닝시티 앞 무대에서는 비보이나 그룹댄스의 공연을 볼 수 가있다. 은행에서 갓 받은 빠닥빠닥한 새 돈을 샐 때 그 새로운 기분을 느낄 수 있는 새 건물 앞이라서 인지 분위기 자체가 아주 새롭게 느껴지는 곳이다. 때로는 아마추어 10대 고딩(고등학생)들이 등장하기도 하는데, 이들의 춤솜씨는 프로 댄서들 뺨칠 정도이다. 또한 비보이댄서가 되고 싶은데 마땅히 연습할 장소가 없는 아이들의 연습장이 되기도 한다. 아이들이 춤추는 거 굉장히 좋아하는 데, 서울시내에는 춤 연습할 수 있는 마땅한 곳이 별로 없다.
그래서 아이들은 서로 돈을 모아 연습실을 빌려 사용하면서 춤에 관한 정보를 교환한다. 그런 애들에게는 동대문이 적당한 장소이다.
B-보이댄스는 고딩들의 실력이 뛰어나며 몇 가지 공통된 패턴들에서 크게 벗어나지 않는다. 헐렁한 추리닝 바지, 힙합 브레이크, 푹 뒤집어

때로는 비보이댄스 경연장이 된다

쓴 듯한 모자에 체격 큰 미군 아저씨 군복을 빌려입은 듯한 밀리터리 룩(Militery look)바지, 반짝이 뿌리기, 춤추는 중간 중간에 윗도리를 벗어 던지기나 티셔츠 젖히기 등을 연출한다. 핸드터치 정도는 「식은 죽먹기」이고 헤드스핀(머리를 땅에 박고 빙글빙글도는 것), 점프 턴까지도 자유자재로 구사한다. 관객들 반응도 아주 흥겹다. 「꺅꺅」,「재는 깡도 좋네」,「저XX는 존나(좇나게) 개폼잡네」나름대로 칭찬이나「씹기(헐뜯기)」를 해가면서 즐거워 한다. 「공부 공부」자나깨나 집이나 학교에서 들어야 하는 부모나 선생들의 통제 속에서 벗어나 자기들만의 공간을 한껏 즐기며 스트레스를 해소할 수 있는 곳이 바로 동대문이다.

여기에다 분위기를 폭소의 바다로 이끌고 가는 MC의 재간도 시종 참가자나 관객들이 배꼽을 잡고 웃게 해준다. 아울러 막간을 이용해서 벌리는 즉석「테크노 댄스 페스티벌」열기로 매우 뜨겁게 달아오른다. 아무런 의미도 없는 싱거운「도리도리춤」에는 여기저기서 야유가 쏟아지기 십상이다. 관중들에게 박수를 받으려면 적어도 오른손에는 스프레이를 들고 인공눈을 뿌리며 왼손에는 부채를 들고 두팔, 두발로 춤을 출 수가 있을 정도가 되야 한다. 이러한 진기명기는 서울시내 어느 곳에서도 돈을 주고도 볼 수 없는 것들이다. 이처럼 젊음의 열기가 식지 않고 꺼질 줄 모르는 곳이 바로 동대문이다.

신세대 감각파 대거 영입

동대문이「패션밸리」로 떠오르는 이유 중 하나는 젊고 패션감각이 뛰어난 디자이너들을 발굴해서 파격적인 대우로써 대거 받아들인 데에도 있다. 그곳은

▶ 두산 타워

젊고 디자인기획력이 있는 신세대 디자이너들을 입점시켜 창작품을 선보이게 한다. 이중에는 일본의 백화점에 납품하여 인기를 얻고 있는 브랜드의 주인공이나 런던대학에 유학하고 현지「폴스미스」에서 디자이너로 일했던 사람도 있다.

두타1층 세뇨리타 최은아 패션디자이너 사장

이화여대 의상학과를 나와 미국의 FIT까지 유학다녀온 유명디자이너, 일본이나 파리, 밀라노 등 유학이나 국내 유명대 의상학과 출신, 패션디자인업계에 서는 내노라하는 엘리트들이 자기의 재량을 마음껏 펼치고 싶어 이곳을 지망하기도 한다. 대기업패션회사나 유명디자인브랜드회사 등에서는 일을 한다고 해도 상당 기간을 유명 디자이너나 디자인 실장밑에서 보조역할을 4~5년쯤 해야 겨우 자신이 창조해서 디자인한 물건으로 소비자들의 반응을 테스트해 볼 수 있게 된다. 그러나 동대문에서는 당일 디자인해서 만든 제품을 점포에 진열해 다음 날이면 반응이 나타나기 때문에 자신의 능력을 테스트해 볼 수 있는 아주 빠르고 적절한 진검승부가 가능한 현장이며, 최일선인 것이다. 동

대문은 맨날 골프 연습장에서 연습골프만 치다가 직접 필드로 나가서 자신의 실력을 테스트해 볼 수 있는 것과 마찬가지인 패션필드인 것이다. 따라서 동대문상권에서는 능력이 있는 사람이면 금방 뜰 수가 있고, 자신의 디자인능력을 인정받을 수 있는 장소이다.

동대문상권에서 능력 있는 디자이너가 되려면 우선

■ 건강해야 한다.

잠을 충분히 자지 못하고 몸으로 때우며 발로 뛰어야 하기 때문이다.

■ 창의력이 뛰어나야 한다.

적어도 하루 1가지 뉴디자인을 개발할 수 있는 개발능력이 있어야 한다.

■ 억척스러워야 한다.

동대문 특유의 함경도 또순이 같은 기질이 있어야 한다.

우선 디자인을 기획하면 샘플을 만들어야 하는데, 전문으로 제작하는 곳을 찾아가 샘플을 만들다보면 자신이 디자인한 의도대로 잘 만들어지지 않을 때가 많아 갈등이 커진다. 자신이 기획한대로 만들어지지 않았을 때 패턴사나 오너(주인)에게 고쳐줄 것은 지시하면「그 가격에 이정도면 만족해야 한다」라거나「햇병아리 주제에 뭘 안다고 그러느냐?」는 식으로 훈계를 하려든다거나,「디자인은 그럴싸 하지만 팔릴 수 있는 스타일이 아니다」라는 등「짬밥수가 얼마나 되는데 그러느냐?」는 식의 초보자를 무시하는 말투에 경력이 짧은 신세대들은 기가 질려 더 이상 매달리며 데쉬(Desh)할 용기가 사라져 버린다.

게다가 미싱사들까지 가세하는 텃세에는 넋을 잃고 할 말을 잃어버리고 의욕을 상실할 때가 많다. 그 다음 고비는 봉제공장(하도급업체)에 주문을 할 때이다. 수량이 100장 이상 넘어가면 그런대로 하도급업체 잡기가 쉬우나, 20~30장 정도 만들어 하루 정도 팔아보고 호응도에 따라 다시 재주문 할 요량으로 주문하면 잘 만들어 주려고 하지 않는다. 그리고 수량이 적어 높은 공임을 지불해야 하므로 수익성도 떨어진다. 수량이 적으면 작업능률이 오르지 않기 때문이다. 오랫동안 거래를 하면서 친숙해진 사이가 아니면 이런 하도급업체를 다루는 문제 때문에 갈등을 많이 겪게 된다.

주문해서 디스플레이까지 48시간

도쿄 시부야에서 의류상을 경영하는 일본 바이어 야마다요이찌씨의 보기를 들면 그는 매주 화요일이면 오후 4시에 김포공항에 도착한다. 그리고 다음날 새벽 2시까지 동대문시장을 한바퀴 돌면서 마음에 드는 재킷과 하프코트 몇 점을 골라 돈을 지불하고 산 후 단골거래처 의류상 김사장에게 그 재킷과 하프코트 300장을 주문하고 다음날인 수요일 아침 비행기편으로 도쿄로 되돌아간다.

한편 동대문 의류상 김사장은 바이어와 상담하면서 밤샘한 탓으로 지쳐 축 늘어진 피로를 풀기 위해 근처에 있는 사우나에서 목욕을 하고 나서 잠깐 눈을 부친 뒤 8시경에 곧바로 동대문 종합시장으로 달려가 주문 받은 옷을 만들기 위한 옷감, 단추, 지퍼 기타 부자재를 산 뒤에 근처 신당동에 있는 하도급 봉제공장으로 간다. 공장이래야 가정 집에다 미싱 5대를 마련해놓고 가족들끼리 경영하는 소규모 영세기업이다. 김사장은 만들어야 할 참고용 샘플과 이를 만들기 위해 구입한 자재들을 넘겨주고 점심으로 주문한 중국집 짬뽕으로 패턴사(=재단사)와 같이 허기진 배를 채우며「오늘밤까지 꼭 좀 만들어 달라」는 부탁을 했다. 그리고 그 근처에 있는 자그마한 봉제공장 3곳을 더 돌아다녔다. 이 4곳에서 만든 옷들은 그 근처에 있는 마무리집(속칭 시아게집)으로 보내서 실밥을 따고 다림질을 한다.
이렇게 만든 옷들은 아침 해가 뜨기 전에 퀵 서비스인 오토바이 배달을 시켜 동대문 김사장의 가게로 가져오게 한다. 이때 김사장은 완성한 옷의 품질 검사를 하고 나서 다시 근처에 있는 포장센터로 보낸다.
그 곳에서는 완성품들을 골판지 상자에 넣어서 운반원(속칭 하꼬비)을 통해 직접 하네다까지 운반한다. 하네다에 도착하면 그 화물을 다시 공항에 있는 택배(닥뀨빈)회사를 통해 부치면 오후 3시 30분경에 시부야에 있는 바이어가 운영하는 의복가게에 도착돼 쇼윈도우에 진열해서 팔기 시작 하는 것이다. 이렇게 해서 걸리는 시간은 불과 48시간이다. 주문해서 진열까지 48시간에 해치울 수 있는「초고속 시스템」을 갖춘 곳은 세계 패션시장에서 동대문시장 단 1곳일 것이다. 이는 세계 패션대국 프랑스, 이태리는 물론 일본 기타 어느 나라도 따라올 수 없는 동대문만의 장기인 스피드 생산 소위 '빨리빨리 시스템' 이다.

외국과의 거래에서 가장 중요한 핵심은

■**스피디 :** 2~3일의 짧은 납기(단 사이클)

■**다품종 :** 하루 1~2 디자인 개발

■**소수량 :** 단위(Lot)당 수량 30~100장 이러한 3박자가 자연스럽게 맞아 떨어지는 곳이 바로 동대문이다. 이는 좁은 공간(동대문상권) 안에 수천개의 원부자재상과 2만여개 봉제공장이 근처 2km 반경내에 포진하고 있으며, 곧바로 판매로 연결할 수 있는 동대문상권이 존재하고 있기 때문이다.

■**좁은 공간 안에 완벽한 기획 → 생산 → 판매 → 운송 산업이 모여**

있는「산업집적화」

■상인들끼리의 정보공유를 위한 네트워크 형성

■세계적인 트렌드라고 할 수 있는「다품종소수량」주문열풍에 부합

■아웃소싱(하도급 생산)에 따른 전문화 분업화가 자연스럽게 이루어지고 있는 곳이다.

지퍼나 단추 색깔이 다르거나 마음에 들지 않으면 즉석에서 민첩하게 염색해 바꿀 수 있으며, 짜 논 니트가 바이어 마음에 들지 않으면 즉석에서 실을 골라 짜고 염색할 수 있는 곳이 바로 동대문 시장만이 내세우고 자랑할 수 있는 순발력과 민첩한 신속성이다.

빠리 패션쇼에 동대문 디자이너 등장

밀리오레에서 갸니마루 라는 점포를 운영하던 하민호씨는 1999년 국내 재래시장 상인으로서는 처음으로 빠리 패션박람회「후즈 넥스트」에 참가해서 명성을 떨쳤으며, 현재는 두타 1층에서 점포를 운영중이다.

요즈음은 동대문디자이너들이 매년 빠리, 뉴욕, 도쿄 등 패션가에서 이름을 날리고 있는 사람이 부지기수라서 그 당시 처럼 큰 뉴스꺼리가 되지 않는다. 그때만해도 넉넉하지 않는 재래시장 상인출신 디자이너가 국제 박람회에 참가한다는 것은 유례가 없던 일이라서 동대문시장 상인들에게 용기와 자신감을 가져다 주었다. 하씨의 평소 지론은 "우물 안 개구리처럼 국내에서 이룬 작은 성공에 만족하지 않고 세계패션 시장에서 겨뤄보고 싶었다. 패션의 흐름만 쫓아 다니지 말고 우리만의 독특한 개성을 창조해내서 당당히 세계시장에 내 놓아야 한다. 한번

해서 좋은 성과를 거두지 못하면 또 도전하고 또 하고 7전8기 오뚜기 정신으로 도전해야 한다"이다. 다른 유명 디자이너들과 달리 해외유학을 다녀온 경력은 없으나 수많은 외국의 패션잡지를 정기구독하면서 세계 패션시장의 흐름을 빈틈없이 케치해 연구 분석한다. 길을 가다가도 외국 바이어들과 마주치면 뒤따라 다니면서 구매패턴과 성향을 파악하기 위해 며칠씩 점포를 비우는 일이 허다 했었다. 하씨가 경영하는「갸니마루」의 주종상품은 20대 초반의 숙녀복으로 블랙계통의 분위기있는 색조로써 과감한 디자인과 개성이 강한 것이 특징이며, 특히 직장여성들에게 인기가 높다. 이제 동대문시장이 재래시장 꾀죄죄한 이미지를 벗고 새롭게 세계시장을 타겟으로 하고있는 것은 하씨와 같은 디자이너가 누구 도움없이 혼자서 외롭게 부단히 노력한 결과 끝에 맺어진 결실이다.

〈해설〉

후즈넥스트 : 빠리에서 열리는 패션 박람회로 유럽을 비롯해 세계 각국 신인 디자이너들이 브랜드를 가지고 참가해서 유력한 바이어들에게 열띤 주문상담을 벌이는 권위있는 박람회이다.

「빨리빨리」국민성이 위력발휘

동대문시장에 물건을 주문하면「뚝딱」꼴로 해치우는 그 스피디함에는 누구나가 입이 딱 벌어빌 정도이다. 하나의 디자인을 개발해서 그림이나 스케치만 가져오면 그것을 보고 옷감을 사서 패턴(Pattem; 옷본)을 떠서 재단하여 미싱으로 박아 완성시키는 데 불과 6시간 밖에 걸리지 않는다. 「빨리빨리」라는 말이 세계 어느 나라에 가도 통할 정도로 이제는 한국사람의 대명사가 되었다. 서두르는 한국병이 동대문에서는 오히려 진가를 발휘하고 있다.

그러나 납기에 쫓기면서 빨리빨리 서둘러 제품을 만들다 보면 품질이 떨어져 불량품을 만들기 십상이므로, 좀 더 품질에 세심한 주의를 기울여야 할 것이다. 실제로 동대문 물건들은 일본바이어들로부터 불량이 심하다는 불평을 많이 듣고 있다. 그러나 몇 해전부터는 일본소비자들의 중심이 40~50대에서 10~20대로 바뀌면서 그 동안 일본소비자들의 품질기준이 너무 보수적이고 까다로워 오히려 소비가 늘지 않아 결과적으로는 불황을 야기 시켰다는 목소리가 높아져 품질 좋고 값비싼 옷보다는 보다는 스피디한 신상품과 디자인을 더 선호하는 경향이 높아지고 있다. 품질은 다소 떨어지더라도 가격이 싸고 빠른 신상품이 인기인 패스트패션 시대가 오고 있다.

4. 한 달 수입

▶ 젊은 여사장

동대문 패션몰에서 장사하고 있는 신세대 숍마스터들에게 "한 달 수입이 얼마나 되느냐?"고 물으면 "글쎄요"하면서 머뭇거린다.

"자존심이 걸린 문제라서요"하면서 우물쭈물 넘기려든다. "대학교 졸업하고 일류 기업에 들어가면 초봉이 얼마나 되요?", "남자가 연봉 3,500정도고 여자는 2,800~3,300정도", "그럼, 과장 정도 되면 얼마나 되요?", "한 10년 다니면 과장 정도 되는 데 6,000만원 가량 된다고 봐야죠", "에게게, 고것밖에 안되요, 나보다 훨씬 쪼끔이네" 두산타워에서 여성 정장을 파는 C씨(29세)는 이름을 밝히지 말아달라면서 8만~15만원 정도 하는 옷을 하루 20~30장은 판다고 한다. 적어도 30% 이문은 남긴다니까, 한 달 수입은 1,500~1,800만원은 너끈히 된다는 계산이다. 동부 도매 상권인 디자이너 클럽에서 니트장사를 하는 L씨(34세)는 도매상이다. 하루에 1만~ 1만 5천원 짜리 니트셔츠를 800~1,000장 정도 도매를 하는 데 평균 1장에 1,000원 정도 이문을 남긴다고 한다. 한 달에 공치는 날이 3~5일 정도 된다는 데 25일 장사한다고 치면 1,500~2,000만원은 거뜬히 번다는 얘기이다. 이 정도는 아무것도 아니라고 한다. 1.5평~5평 정도의 점포에서 한 달 매상이 1~2억부터 많게는 20억 정도 되는 곳이 수두룩하다고 한다. 물론 경기가 안 좋아 장사가 되지 않아 울상짓는 가게도 많다.

오후나 저녁에 동대문 동편제(동부 도매상가)골목에 서 있으면, 동대문 젊은 디자이너들이 벤츠, BMW, 아우디, 렉서스 등 고급 외제차를 타고 왔다 갔다하는 것을 강남 압구정동 거리처럼 쉽잖게 접할 수 있다. 그러나 자기들은 하루 2~3시간 잠자고 제 때 끼니를 찾지 못하고 신제품 개발에 머리싸움 하는 등 몸이 망가지면서 하는 몸과 마음고생에 비하면 큰 수입이 아니라고 엄살을 피운다.

▶ 판매사원

동대문에서 판매사원으로 경험을 쌓고 싶으면 각 상가의 관리사무실이나 각층의 계단쪽의 벽을 보면 모집광고가 많이 붙어 있다. 판매사원의 급여는

• **근무시간 :** 도매상권 저녁 8시~다음날 새벽 5시
• **급여 :** 120만원~150만원 정도(단 식사 1회 별도제공)
• **4대보험 :** 대부분이 혜택을 못받고 있다.

급여수준은 점포에 따라 조금씩 차이가 있으나 경험이 전혀 없는 왕초보자도 일 할 수 있다. 단, 일하는 시간은 보통 밤이기 때문에 동부도매상권이 오후 8시부터 다음날 새벽이며, 서부소매상권(굿모닝시티, 헬로우Apm, 밀리오레, 두타, 케레스타)은 오전 10시30분부터 다음날 새벽 5시까지 2교대이다. 보너스는 전혀 없고 단지 여름휴가, 추석, 설날에 떡값 정도 준다. 물론 고용보험, 의료보험, 퇴직금 등은 대부분 생각할 수도 없다.

판매사원 구인광고

▶ 창업

'동대문시장에서 장사하면 돈 번다' 는 단순한 생각에 경험도 없이 달려들었다가 6개월도 안돼 퇴직금만 날리고, 손 탈탈 털어버리고, 빈털터리가 되는 사람도 많다.

디자이너 출신이라고 자신있게 달려 들었다가 디자인 개발은 잘 하는데 패턴사(재단사)나 봉제하청 공장에서 제품 만들어 내기가 벅차서 집어치운 사람, 밀리오레나 두타의 경우 디자인 개발이 약해서 남의 것 카피했다거나, 점포 문을 늦게 열었다가 쫓겨난 사람, 만들어 놓은 제품이 팔리지 않아 재고가 쌓여 가게문을 닫아 버린 사람 등 돈만 까먹고 그만 둔 케이스가 오히려 돈번 사람보다 많으므로 동대문패션 드

림만 생각하고 허황된 꿈을 꾸는 것도 경계해야 한다. 동대문에서 장사해서 성공하려면 우선

- **건강**
- **디자인 개발**
- **원부자재구매**
- **생산 (봉제와 패턴)**
- **판매 (내수 및 수출)**

이 5가지를 갖추고 있어야 한다.

혼자서 모든 것을 해결해야 하는 곳이 재래시장의 특성이기 때문이다. 본인이 직접 점포를 차리지 않고 판매사원으로 1~2년 일해서 디자인, 생산, 거래처 등을 확보하고 창업하는 것이 안전하다.

5. 동대문시장 노하우 분석

/첫째/스피드 생산이 가능하다.

원스톱(One-stop)생산체제로 인한 납기 단축으로 단사이클(Shortcycle)이 체제화 되었다. 동대문의 점포주들은 대부분 혼자서 디자인기획 → 자재구매 → 생산 → 판매 → 운송까지의 패션산업전반을 한걸음에 해결 할 수 있기 때문에 짧은 납기가 가능하다. 따라서 혼자서 결정해서 추진하므로 실행이 빠르다. 패션상품의 가장 중요한 포인트는 짧은 납기라고 할 수 있다. 납기를 단축 할 수 있다는 것은 그만큼 순발력이 있어 리스크(Risk;위험부담)를 줄일 수 있다는 것이다.

계절별 상품을 기획하여 타 경쟁회사보다 더 빨리 만들어 매장에 진열해 놓음으로 해서 고객유치에서 선수를 치게 되는 것은 물론이며, 그에 따라 매출도 증가하게 되는 것이다.
단 사이클 납기가 가능한 것은 우선

▶ 디자인 기획시간과 결제 시스템 단축

한 가지 상품을 기획해서 디자인하기까지는 일반 패션회사의 경우에는 담당 디자이너 → 디자인 실장 → 오너까지의 과정을 거치는 복잡한 수직관계를 형성하고 있지만, 동대문시장의 경우에는 오너(점포주인)가 기획해서 디자인해 생산까지를 혼자서 결정하므로, 순발력이 뛰어나다. 좀더 구체적으로 얘기하자면 볼펜 한 자루 사려고 해도 담당 → 대리 → 과장 → 차장 → 부장 → 이사 → 사장까지 결제를 받아야 하는 기업과 비교할 때 오너가 혼자서 결정하고 일을 진행해가는 동대문 점포와는 시차가 너무 크다는 것이다.

▶ 무서운 신세대들이 모였다.

게다가 97년 IMF(한국의 외환위기)체제 이후 부도난 패션전문회사나 백화점 등에서 구조조정으로 일하던 수많은 유명 디자이너들이 대거 실직자가 되면서 소자본으로 내 가게를 얻어 창업할 수 있는 동대문으로 몰린 것이다. 그리고 일본, 프랑스, 이태리, 미국 등으로 패션유학을 간 신세대 유학파들도 국내에 돌아왔으나, IMF 한파로 인해 취업해서 일할 수 있는 기회가 없어지게 되자, 곧 바로 창업해서 자신의 전공을 살릴 수가 있는 동대문에 너도나도 앞다투어 점포를 차리게 되었다.

▶ 상인들의 세대교체로 순발력 상승

뿐만 아니라 동대문 차세대들의 등장이다. 한국전쟁 이후 피난 나온 이북사람들이나 전쟁 이후 먹고 살기가 힘든 전라도 사람들이 무작정 상경해서 대부분 동대문시장을 형성하고 있었으나, 이들은 이제 나이가 먹어 퇴진하고, 2~3세들이 2대째를 이어 장사를 하고 있는 경우가 많다. 그래서 70% 이상이 신세대 젊은 층으로 구성되어 있다.

이와 같은 유형의 점포주들이 많아 이제는 개혁의 바람이 아주 거세게 일고 있는 것이며, 이들의 디자인 기획력이 무서운 돌풍을 일으키고 있는 것이다. 그들이 대기업, 해외유학, 국내의상디자인학과 또는 동대문 시장바닥 등에서 갈고 닦은 디자인 개발능력과 생산, 판매망은 가히 폭발적이라고 할 수 있다.

이들은

♣ 해외 출장이나 해외유명패션쇼 참관, 패션잡지, 서적구입, 인터넷 또는 개인인맥 등을 통해 수집한 최신 패션정보를 일부 바꾸거나 독창적으로 만들어 독특한 캐릭터를 개발한다.

♣ 빠리, 밀라노, 뉴욕, 런던, 도꾜 등에 머물거나 유학 때 맺어논 현지인이나 교포인맥을 이용하여 신속한 현지 패션정보 입수한다.

예 ➡ 현지 바잉쇼에 바이어로 참관, 패션 잡지나 카탈로그, 신문 등 구입

➡ 패션쇼 참관

➡ 각 유명 점포에서 패션상품구입

➡ 현지 패션스트리트에서 스트리트패션 정보 구입

▶ 원부자재 구입의 편리함

광장시장, 동대문 종합상가에서는 곧바로 의복생산에 필요한 원자재인 원단이나 부자재인 실, 단추, 라벨 지퍼, 스냅단추, 레이스, 패딩(솜), 심지 등은 물론이요, 포장에 필요한 자재 예를 들면 비닐백(Poly-bag), 골판지 상자, 상자를 묶기 위한 밴드 등까지도 완벽하고 신속하게 구입할 수 있다. 뿐만 아니라 우일 프라자나 삼우 텍스프라자 등에서는 원단 재고(Stock) 즉,「땡」처리 물건들까지도 정상가의 1/10수준인 아주 헐값으로 구입할 수 있다. 동대문 상권내에서 국내 유통 원부자재의 90%정도가 소진되고 있는 것이다.

▶ 생산 납기 단축

동대문 근처 반경 2~10KM이내(창신동, 신당동, 주교동, 광희동, 장충동, 약수동, 금호동 등, 장안동)는 등이 대부분 미싱 2~5대 정도를 갖춘 소규모 가족단위 봉제공장들이 벌떼처럼 몰려 있는 곳이다.

따라서 샘플(Sample;견본) 작업은 물론 본 작업까지도 동대문시장 가시권내에서 신속히 해결할 수가 있는 것이다. 공장의 구성인원도 대부분 가족단위 즉, 친족집단이 운영하고 있다. 남편이 재단을 하고 아내가 미싱으로 옷을 박고 시동생, 처제 기타 4촌에서 사돈네 8촌까지도 줄줄이 줄이 닿는 대로 데려다가 함께 일하는 곳이 많다. 물론 외국인근로자들이 일하고 있는 곳도 많다. 그러므로 퀵딜리벌리(Quick Delivery;화급한 납기)를 요하는 주문일때는 철야작업도 마다하지 않고 며칠 밤이라도 꼬박 날밤을 세워 가면서 작업 하여 납기를 지켜준다. 남을 고용하여 운영하는 봉제공장의 경우 납기가 급해 잔업을 할라치면 잔업수당도 싫으니 안하겠다고 거절하거나 반발하면서 그만두

겠다고 하던 일을 걷어차 버리고 나가버리는 경우가 많으나, 가족단위 공장의 경우에는 가족 또는 친족집단으로 구성되어서 가족의 일이므로 불평없이 잔업도 마다하지 않고 열심히 해가면서 납기를 잘 지키는 것이다. 따라서 봉제납기가 늦어지는 예는 극히 드물다.

▶ **단 6시간이면 「뚝딱」의복 제작.**

바이어가 원하는 디자인을 제시하면 근처 동대문종합상가에서 원부자재(옷감과 단추, 지퍼 등 부속자재)를 사다가 패턴을 떠서 재단하고 미싱으로 만들어 내는 데 불과 6시간 걸린다. 이처럼 초스피드를 낼 수 있는 곳은 세계에서 동대문시장만이 가능한 순발력이다. 옷을 맞추러 갔을 때 초지급으로 재촉을 해도 2~3일 걸려 만들어 준다. 이것과 비교해보면 어느 정도로 민첩한가를 가늠할 수 있을 것이다. 이러한 사실을 외국바이어가 알게 되면 자기나라에서는 상상도 할 수 없는 얘기라고 감탄을 연발한다.

/둘째/구매 원가절감으로 판매가격이 싸다.

• **「현금박치기」는 재래시장의 특성이다.**

재래시장의 특성인 현금거래 위주로 원부자재를 사들이므로, 싸게 구입할 수가 있어 생산원가가 싸게 먹히는 것이다. 재래시장에서 장사하는 상인들은 옛날부터 현금위주로 장사를 해 온 것이 이들의 전통이다. 게다가 사업자등록증을 가지고 있지 않는 점포가 1/3이 넘는다는 통계가 나와있다. 따라서 외상거래나 어음 또는 카드로 결제를 하게 되면 매출액이 투명하게 들어나기가 쉬우므로, 이를 기피하는 경향이 두드러진다. 그래서 동대문상권에서는 영수증발행도 꺼려함은 물론

어떤 점포들은 간이 영수증임(속칭 장끼)에도 점포표시조차 하지 않은 채로 내주기도 한다. 따라서 현금구입이 원칙이며 그 대신 구입단가가 싸지는 것이다.
그러나 요즈음 신상권이 부상하면서 굿모닝시티, 밀리오레, 두산타워, 헬로우Apm 등이 선두에 나서서 신용카드 사용을 활성화하면서 상당히 투명해지기 시작했으며, 그와 같은 해묵은 관행이 차츰차츰 개선되어 가고 있다.

/셋째/소수량 다품종 생산이 가능하다

수출물량의 경우 오더(Order;주문)수량이 평균 1스타일에 30장~100장으로 줄었다. 예전 1990년대 까지만해도 1스타일 주문하려면 최저(Minimun)수량이 1천장 정도는 필요했으나, 차츰차츰 경기가 없어지면서 현재는 정식 무역회사들의 경우 평균 3백장까지 내려갔으며, 동대문에서는 30장~100장 정도가 일반적인 것으로 인식되고 있을 정도이다. 일본 바이어들의 경우 예전에 경기가 좋을 때는 많이 사서 가져다 창고에 넣어 놓고 필요한 수량만 꺼내서 진열해 팔았으나 요즈음처럼 장기불황으로 경기가 없을 때는 재고부담이 크다. 우선 자금이 묶이게 되며 팔지 못해 재고로 쳐지게 되면 원가, 창고비, 인건비, 운송료 등으로 인해 경영난에 봉착하게 되는 것이다. 그러나 소수량을 주문해 가져가면 창고에 보관할 필요없이 곧 바로 진열해 놓고 팔아보면서 손님의 반응을 봐 가며 잘 팔리면 재빨리 재주문을 해서 계속 사 가는 것이다. 한편 디자인 개발력도 뛰어나 예전처럼 바이어측에서 디자인을 제공해주는 OEM(Original Equipment Maker;주문자 상표부착)방식이 아니고 자기들이 직접 기획한 디자인(ODM; Original

Development Maker)을 제공하는 경우가 많다.

대개 1~2일에 1디자인을 개발할 정도로 기획력이 뛰어나다. 그러므로 이에 따라 바이어측은 디자인개발 회사에 의뢰해서 뉴디자인을 개발할 경우 디자인개발비가 적어도 1스타일에 5백불~2천불씩 지불해야 하는 비용을 절감할 수가 있는 것이다. 그래서 요즈음에는 일본바이어들은 물론 타이완, 홍콩, 중국 등에서 까지도 디자인 개발을 위한 샘플작업을 동대문 시장에서 직접해 가는 사례가 늘어나고 있다.

일본기업이 최초로 동대문에 오픈한 토요코인호텔

게다가 한걸음 더 진보하여 외국바이어가 동대문 점포오너에게 주문해가는 것이 아니라 직접 생산공장(하청공장)을 찾아가서 만들어 가기도 한다. 거래형태도 신상권은 예전 재래시장의 도매중심에서 서부 현대식 쇼핑몰(굿모닝시티, 헬로우Apm,케레스타, 밀리오레, 두산타워) 소매를 중심으로 한 도매상을 겸하고 단 한 장을 주문에도 이에 응해주는 맞춤판매까지도 가미하고 있다. 어떠한 고객(도매, 소매, 맞춤)이 주문을 받아들일 수 있는 전천후 영업을 하고 있는 곳이 많으며, 도매상권 중의 구상권(평화, 남평화, 광장)은 도매 및 싼물건이 많으며, 동부 현대상권(디자이너클럽, 팀204, 혜양엘리시움, 제일평화, 아트프라자, 청평화, 유어스, 디오트 등)은 도매 중심에다 소매를 가미한 특성을 살리고 있다. 이렇게 다양한 유통구조를 갖추어 어떠한 형태의 고객이 들리더라도 사갈 수 있는 여건을 두루 갖추고 있다.

/넷째/속칭「하꼬비(운반원)」을 이용한 초고속 운송체제의 편리함

동대문의 운송체제는 직접 사람이 물건을 가지고 가서 넘겨주는 직접 전달(Hand carry) 체제이다. 정식무역의 경우 컨테이너에 화물을 싣고서 배편을 이용하거나 공항을 이용한 항공운송이 전부이다. 급한 소량샘플정도는 사설특급운송편인 DHL이나 SKYPAK, UPS, Pedex, TNT 등을 이용해서 운송하지만, 이것도 사람이 직접 가지고 가기 보다 신속성과 정확성이 뒤떨어진다. 이방법을 속칭 하꼬비(運;운반원)라고 한다. 상기 DHL같은 사설특급운송편을「Door to Door」서비스 또는「Desk to Desk」서비스라고 했으나, 이제 이 「하꼬비」운송회사들은「Hand to Hand」서비스라고 말할 정도로 한단수 위에 있다. 이들은 컨테이너를 거절하고 운반원이 직접 상품을 가지고 일본현지에서 포장상자를 뜯어서 진열하는 것까지 도와주고 되돌아오는 그야말로 완벽한 One-stop 서비스방식을 택하고 있다. 이와 같은 방식이 자리를 잡아 일본세관의 경우 통관기준을 만들어 놓기까지 했다. 우선 의복의 경우

▶ 일본 세관 통관기준

• 1상자의 포장단위를 40Kg 미만으로 제한했으며

• 1인이 가지고 들어갈 수 있는 범위는 3상자로 제한하고 있다.

• 관세는 포목(Woven)이 13.5%~13.9% 니트(Knit)가 12.5%로 간이 세율을 적용해 주고 있다.

그러나 일부 상자속의 수량을 적게 신고하거나 내용물이 서류와 다르게 신고하는 등 눈속임을 하는 「하꼬비」에게는 서류 즉, 상업송장(Commercial Invoice)에 기재한 가격을 무시하고 1상자에 일괄적으

로 3만 5천엔 정도로 인정과세를 해버린다.

이처럼「하꼬비」운송체제가 활성화하면서 이들「하꼬비」들 중에는 일본인까지 가세해서 활동 중이다. 이들은 하꼬비 회사에 고용되어서 1달에 평균 24~25차례 일본을 왕복한다. 항공권을 제공을 하고 1차례 다녀오는데 6~8만원정도 수고비를 받고 있다.

이들은 대부분 아침 첫 비행기를 타고 김포공항 → 하네다(인천공항 → 나리따)로 짐을 가지고 오가는 데, 가는 비행기 속에서 기내식으로 아침을 해결하며, 기내에서는 기내식 하나를 더 여분으로 받아 두었다가 점심도 하네다 공항내에서 그것으로 해결하며, 오는 비행기내에서 저녁식사도 기내식으로 해결해 버린다.

/다섯째/끈질긴 저력

동대문상인들 특유의 강한 생존력으로 어떠한 난관도 헤쳐 갈수 있는 확고부동한 위치를 확보하고 있다. 누구나 장사에 뛰어들어 가게문을 열어놓기만 하면 물건이 팔리지 않는 것이다. 고객의 눈에 금방 띌 수 있는 튀는 상품이 아니고서는 실패하기 십상이다. 어제 기획해서 만든 제품을 오늘 아침 진열해 놓고 오전 중에 반응이 좋지 않으면 오후에 빼 버려야 한다. 게다가 항시 새로운 디자인 제품을 진열해 놓지 않으면 안되는 치열한 경쟁속에서는 끈질긴 저력과 생존력이 밑바탕이 되지 않으면 살아남기 힘들다.

동대문 상권에서는 하루 평균 300~350개 점포가 창업을 하고 폐업한다고 알려지고 있다.그 만큼 경쟁이 치열하다고 하겠다. 점포뿐만 아니라 상가전체가 개점과 폐점을 반복해 가면서 생존을 위해 끊임없이 도전해가고 있다. 그간 여러 대형쇼핑몰이 냈거나 변신을 시도했던 곳이다. 이러한 살벌한 곳에서 살아남을 수 있으려면 함경도 또순이나 전라도 더블빽처럼 끈질기고 억척스럽지 않으면 안되는 것이다.

게다가 영업시간이 대부분 저녁 8시에서 다음날 오후까지 이어지이므로, 억척스러운 체질이 아니면 버틸 수가 없는 것이다. 새벽 5시면 하루 장사가 대부분 끝나서 그날의 매출을 집계하여 다음에 팔아야 할 물건을 결정해야 한다. 그리고 한숨 자기 위해 눈을 부치고 있으면 근처의 은행직원들이 예금을 받으러 직접 수금차 찾아와 깨운다.

그러면 물건 판돈을 맡기고 점포(1.2~1.5평 정도)내 좁은 공간에서 다시 한번 쭈그리고 눈을 부친 후 일어나 곧바로 근처 원단도매상가인 종합시장으로 가서 원부자재를 구입해서 하청공장으로 달려간다. 이때가 되면 벌써 시간은 점심시간이다. 공장에서 공장사람들과 같이 짜장면이나 짬뽕같은 음식을 배달시켜 먹으면서 작업지시를 하고 난후 재단과 봉제공정을 지켜본 후에 자기집으로 가서 잠시 2~3시간 가량 눈을 부친 후 다시 공장으로 가 제품을 찾아 가지고 점포에 도착하면 밤 8시경 개점시간이 다 된다. 이때부터 제품을 진열해 놓고 장사를 시작하는 것이다. 이처럼 힘든 일을 해 내려면 끈질긴 저력과 억척이 뒷받침이 되어야 한다.

/여섯째/과감한 이벤트 전략

신세대 특히 10대 여중고생층을 겨냥한 다양한 이벤트를 개최함으로써 재래시장의 이미지「먹거리, 입을거리」에서「볼거리, 놀거리」를 추가하여 단순 쇼핑공간에다 문화공간을 가미했다. 그동안 청소년들의 놀이공간 부족으로 학교수업이 끝나는 5시 이후에는 청소년들의 갈곳이 마땅치 않았다. 그러나 동대문 신상권이 들어서면서 청소년 및

굿모닝시티앞 무대 댄스그룹공연

신세대를 위해 장소를 제공해 주고 있는 것이다. 연예인(신세대 가수그룹. 코메디언. 개그맨) 초청, 동대문 패션쇼, 경품제공(고객선착순 경품권제공), 영화관유치(메가박스; 굿모닝시티 9층), 스포츠용품전문점(굿모닝시티 지하), 패스트푸드점 등으로 청소년과 신세대를 위한 휴식 및 놀이공간을 풍부하게 제공함으로써 고객을 모으고 있다. 여기에다 동대문의 가장 시급히 해결과제였던 시민의 휴식공원이 동대문역사문화공원의 완공으로 해결되어 패션상품쇼핑뿐아니라 휴식공간으로도 자리잡게 되었다.

/일곱째/세계적인 관광명소가 되었다.

밤풍경의 정취를 자아낸다. 예전에는 저녁 6시가 넘으면 캄캄한 곳이었으나 신상권이 들어서면서 밤 영업시간을 연장하면서 이제는 밤 8시 30분부터 본격 영업을 시작하여 밤11시~새벽2시 사이가 가장 번잡하며 밤의 열기가 가득한 시간이 되었다. 이때 쯤이면 상가주변의 네온사인이 휘황찬란하게 반짝이면서 불야성을 이룬다. 뿐만 아니라 밤새도록 방송실에서는 DJ가 틀어주는 음악이 밤의 고독을 잊게 해준다. 게다가 전국각지에서 소매상을 태우고 오는 전세버스나 상가 셔틀버스, 외국인관광객을 태운 관광버스, 지게꾼아저씨, 오토바이를 이용한 퀵서비스맨, 주차관리원, 도우미들이 활기차게 왔다갔다 하면서 생기를 돋구는 곳이다. 이제 이곳 동대문의 밤풍경은 세계적인 명소가 되어 일본, 타이완, 홍콩, 중국의 TV나 신문들이 자주 보도해 주고 있다. 그리고 전세계의 외국관광객들이 동대문시장으로 몰려들고 있는 것이다. 한국의 동대문시장은 이제 관광차 나온 외국인에게는 필수코스가 되었다. 일본, 홍콩, 타이완, 중국, 타일랜드 등의 관광객은 물론이며, 미국이나 유럽관광객들까지도 반드시 들려가는 곳이 되었다.
관광차 나온 외국인들은 이곳에 들러 옷 몇 벌과 액세서리(귀걸이, 목걸이, 반지, 팔찌, 머리핀, 브롯치, 발찌 등), 잡화(핸드백, 지갑, 손수건, 스카프, 양말, 스타킹, 모자, 장갑 등)를 사가지고 자기나라로 돌아가 되팔면 항공료는 물론 호텔비까지도 충분히 뽑는다고 한다.
특히나 환차폭이 커지면 물건값이 싸지기 때문에 더욱더 많은 이익금을 챙길 수 있는 것이다. 게다가 세계적인 명소가 될 DDP(동대문디자인플라자)가 완공되는 2012년 7월이 되면 코엑스보다 더 크고 좋은 컨벤션센터, 전용패션쇼장, 디자인센터 등이 들어서므로 유동인구가 서울권에서는 가장 많아질 것이다.

/여덟째/유통단계 축소로 재고부담을 줄였다.

동대문의 대형패션몰들은 과감하게 도 · 소매의 벽을 허물어서 상품을 생산자에게서 최종 소비자까지 곧바로 연결함으로써 중간단계의 도매상을 없애 가격이 싸진 것이다.
기존 백화점가격에 비해 1/3~1/5정도의 가격이면 똑같은 품질의 상품을 구매할 수 있다. 패션몰 상인들 대다수는 공장에서 제품을 직접 만들어 점포에서 파는 방식으로 운영하여 거품을 빼고 품질을 향상시키고 있다. 뿐만 아니라 이러한 유통시스템은 가격을 낮추는 것은 물론 재고부담을 줄여서 상품회전율도 따르게 하여 자금이 원활하게 돌아가도록 한다.

▶ 생산에서 소비자까지 불과 3일

재래시장 상인들이 생산 → 도매 → 소매 → 소비자까지 평균 10일~12일 정도 걸리는 데 비해 신상권 패션몰들은 생산 → 소비자까지 불과 3일~5일로 줄어들었다. 따라서 상품회전율이 빨라 재고부담에 따른 리스크(Risk ; 위험부담)를 줄였기 때문에 자금부담도 훨씬 줄어들었다.

그동안 대형패션회사들이 부도를 낸 것도 이 재고부담이 가장 큰 원인이었다. 매출을 올리는 데 치중하다 보면 재고로 쳐지는 물건에는 취약하기 마련이다. 매출을 많이 오르는 것보다는 팔리지 않아 쌓이는 재고부담을 어떻게 줄이느냐가 성공의 관건인 것이다.

이러한 취약점을 보완하기 위해 과감히 유통단계를 축소한 동대문 신상권의 패션몰들은 유통업계에 신선한 바람을 불어넣고 있다. 어떤 패션몰에서는 점포오너가 자가공장이 없으면 입점시키지 않으며, 입점한 후에도 남의 제품을 카피하거나 신제품기획이 더디면 곧바로 퇴출시키는 전략을 구사하고 있다. 이러한 전략이 성공하려면 상가내에 재래시장 경험이 풍부하고 우수한 거상(巨商)들이 많이 들어서야 한다. 그래야만 가격 경쟁력과 상품개발력이 뛰어나 그 상가전체가 살아나는 것이다.

/아홉번째/상품과 이미지를 함께 파는 전략

동대문 신상권에서는 남보다 튀어야 산다. 누구나가 빨강머리, 노랑머리, 파란머리에 코찌, 혀바닥찌에다 힙합차림을 하고 다녀도 어색하지 않고 오히려 멋과 끼가 넘쳐 보인다. 이제 이곳의 판매전략은 진열해 놓은 상품을 파는 데에만 그치지 않고 파는 사람(오너나 판매사원)이

자지가 만들어 파는 제품을 입고 이미지와 상품을 함께 파는「동시패션」이 자리잡고 있는 것이다. 대부분이 디자인감각이 뛰어난 디자이너 출신 오너가 많아 사가는 사람에게 상품만 파는 판매원 역할에서 그치지 않고 손님의 개성에 맞게 패션상품을 사가도록 어드바이스 해주는 어드바이져(Adviser ; 조언자) 역할까지 겸하고 있다.

다시 말하자면 이미지 코디네이터 역할까지 겸해주는 것이다. 패션에 관한 감각이 없는 사람도 일단 동대문에 가면「머리에서 발끝까지」토탈패션으로 세련된 코디네이트(Cordinate)가 가능하므로, 촌티를 싹 벗어버리는 것이다.

/열번째/A/S가 점점 나아지고 있다.

예전에 동대문시장하면「싼게 비지떡이다」,「팔고 나면 땡이다」라는 이미지가 강해서 비싸더라도 백화점을 선호했다. 그리고 소비자가 물건을 사간 후 나중에 문제점을 발견하고 가져가면 반품이나 환불을 잘 해주지 않는다는 인식이 뿌리 박혀서 기피하였으나, 이제는 자체관리 시스템이 좋아져가고 있다. 상가내「소비자 보호센터」가 있어 사가지고 간 상품에 문제가 있다거나 A/S가 필요한 경우에는 이를 이용하여 시정할 수가 있다. 따라서 예전처럼 바가지를 씌운다거나 사간 물건이 교환이나 환불을 안 해주던 의식이 차츰차츰 고쳐져 가고 있다.

▶ 탈의실을 갖추다

탈의실을 갖추고 옷을 입어볼 수도 있으며, 수선실까지 갖추고 손님체형 사이즈에 맞게 줄이거나 늘리는 작업까지 해주는 패션몰도 많이 등장했다.

제3장 - 동대문 점포창업

1. 점포(분양 · 임대)시작할 때 주의할 점

/하나/기존 거상들의 입점여부

거상(巨商)들이 50% 이상 입점했는지? 여부를 확인한다. 거상이란 기존 상인 다시 말해서 동대문시장에서 수 십 년씩 장사를 해 본 경험이 있고 기반을 잡은 상인을 말한다. 아무리 장소가 좋고 유능한 디자이너들이 많이 입점했다고 하드래도 거상들이 입점해 있지 않으면 그 상가는 오래가지 못한다. 이들은 디자인기획 → 자재구입 → 생산 → 홍보 → 판매에 대한 오랜 경험에서 쌓아온 노하우(Know how; 비결)를 많이 가지고 있어 고객을 끌어들이는 솜씨가 뛰어나다. 따라서 상품의 흐름을 원활하게 하며 결과적으로는 상가를 활성화시킨다. 초보자들은 아무리 많이 입점해보아야 복잡하고 어수선하기만 하지 제대로 맥을 잡지 못하고 우왕좌왕할 뿐이다.

/둘/여러 차례 분양을 거듭하는 상가

입점자가 없거나 이빨 빠진 것처럼 썰렁하게 점포가 텅 비어있는 곳이 많은 상가 그리고 여러 차례 분양을 반복하고 있는 상가는 상권이 살아나기 힘들기 때문에 주의한다. 이러한 분양업자들은 전화번호나 핸드폰의 연락처가 자주 바뀌므로, 유심히 잘 살펴야 한다.

/셋/주변 환경을 잘 살핀다.

교통이 편리한 곳이나 유동인구가 많은 곳 연극 · 영화관, 학원, 은행, 증권회사, 대형 패스트푸드점, 오락실 등이 밀집해 있는 곳이 좋다.

/넷/등기분양과 임대분양의 차이

등기분양과 임대분양은 제각기 장단점이 있다. 재래시장 상가는 등기냐, 임대냐? 가 중요한 것이 아니라 운영하는 회사의 의지와 위치에 따른 주변의 상권이 흥망을 판가름한다. 운영회사의 마케팅 전략(홍보계획, 운영방침, 주요 대상층 등)을 꼼꼼히 분석해 본다.

/다섯째/점포 시세를 정확하게 파악해야 한다.

각 층별 · 위치별 가격대가 다르다. 대부분 점포들은 분양받은 주인이 다시 월세형식(임대)으로 세를 놓는다. 일정액의 보증금 얼마에 임대료 그리고 별도 관리비가 있으며, 기타 개발비 명목으로 시설비와 홍보비 등을 상가에서 별도로 걷어들인다. 그러나 개발비는 되찾지 못하므로, 그 내역을 꼼꼼히 따져 보는 것이 좋다. 일부 상가에서는 과다하게 징수할 뿐만 아니라 사용처도 투명하게 밝히지 않아 분쟁의 소지를 안고 있다. 이는 임차인이 불리하다는 것을 알아야 한다. 임차인들은 항시 약자이므로 어느 정도 불이익을 감수해야 한다.

/여섯/전체 분양률을 확인한다.

일부 분양업자들은 조금만 팔려도 분양이 완료됐다고 선전하면서 프리미엄만 올려놓지만 실제로는 거품이 많다. 상당수의 신건축상가들이 분양이 저조해 마치 이빨 빠진 것처럼 허전해 보이기는 기존상가와 매일반인 것이다. 일반인들은 그 분양률을 어느 정도는 파악할 수 없으나 동대문 기존 상인들에게 물어보면 정확하게 알 수 있다.

공급과잉으로 신축 후에 문을 닫아 버리거나 그 여파로 부진한 곳이 상당수 있다.

그 대표적인 사례로는

■라모도, 패션TV몰 등을 들 수가 있다.

질적 팽창보다는 양에만 치중하고 있는 과열현상은 3공 즉 공동화, 공멸화 및 공배(共配; 같이 나눠먹기식)화를 자초하고 있다.

■동대문 패션몰들의 성공신화가 알려지면서 이를 본 뜬 대형패션몰이 지방 도시에서도 우후죽순처럼 생겼으나 대부분 실패하고 법정소송중이며, 신촌이 대표적인 케이스이다.

/일곱/지역에 맞는 아이템 개발

동대문은 숙녀복으로 10대에서 20대 직장여성들에게 맞는 캐주얼이 강하며, 남대문은 30대 이상 중년 여성에게 맞는다. 그밖에 아동복, 악세사리, 준보석, 잡화, 안경, 민속품, 인형 등은 남대문이 가장 강하고 신발종류와 가방, 지갑류와 옷감류, 의류 부자재, 침구류와 가죽제품, 한복종류는 동대문이 강하다.

/여덟/디자인, 자재구입, 생산을 분담한다.

초보자가 이 세 가지를 다 도맡아 하기란 불가능한 일이다. 디자인은 전문 디자이너에게 맡기고 자재구입은 본인이 직접하고 봉제생산은 하청공장에 맡긴다. 이 과정을 혼자서 처리하면서 성공해 보겠다는 지나친 욕심은 버리고 어느 기간 동안은 수험료를 물을 각오로 덤벼들어야 해야 한다. 디자인 개발의 지름길은 패션 선진국 여행을 자주 가보는 것이다. 빠리나 밀라노, 런던이 좋지만, 너무 멀어 비용이 많이 드므로, 가까운 일본의 도꾜, 오사까, 나고야, 기후, 교또 그리고 홍콩 정도는 가 보아야 좋은 디자인 아이디어가 많이 떠오른다.

또한 자재구입과 봉제생산을 위해서는 직접 복장학원에 다니면서 배워봐야 한다. 요즈음은 3~6개월 정도 무료로 교육하는 패션디자인학원이나 직업전문학교가 많다. 그곳에서는 자재구입 방법, 본(Pattern)을 떠서 재단 → 봉제 → 포장 과정까지를 자세히 배울 수 있어 비록 초보자라고 하더라도 동대문에서 점포창업 하기에는 별 어려움이 없을 것이다.

/아홉/수출을 해야 한다.

내수만 해가지고는 성공할 수 없다. IMF(1997), 국제금융위기(2008) 이후 국가부도위기를 막아 준 것은 수출이었다. 동대문에서도 수출을 하는 점포들은 재미를 보고 있지만, 내수만 하는 곳은 불황의 여파가 심각하다. 내수 공급과잉에 따른 돌파구를 수출로 활로를 찾아야 한다. 요즈음은 인터넷쇼핑몰을 통해서 수출을 할 수 있어 간단하고 편리하다.

/열째/인터넷은 기본이다.

동대문인터넷패션쇼핑몰교육

이제는 혼자서 점포를 운영하는 나홀로 사장조차도 반드시 인터넷을 배워서 이것을 이용해 장사를 해야 하는 것은 기본이 되었다. 사무실도 직원도 필요없이 할 수 있는 장사가 바로 인터넷을 통한 상거래이다. 인터넷을 통해서 쇼핑몰을 만들어 놓고 장사를 할 수 있어야 한다. 따라서 인터넷을 모르면 동대문에서 장사할 생각을 말아야 한다.

2. 상가 운영 위원회

동대문시장에는 32개의 상가가 밀집해 있어 치열한 경쟁을 하고 있다. 경쟁에서 이기면 돈을 버는 것은 물론이요, 점포의 권리금도 치솟게 된다. 장사가 잘 되는 상가는 실평수 1.2~1.5평짜리가 권리금만 해도 2억~3억원 이상 나간다. 장사가 안돼 파리를 날리고 있는 상가는 권리금은 커녕 분양이나 임대가 되지 않아 텅 비어 있어 마치 할렘가를 연상케한다. 각 상가마다 상가운영위원회를 만들어 여러 가지 규율을 정해 놓고 있다. 예를 들면

■ 가짜 브랜드(짝퉁)를 만들어 파는 상인

■ 신용카드 사용 거부

■ 남의 제품 카피

■ 동대문 상권에 동일한 점포를 1개 더 개점하는 상인

■ 생산공장을 갖고 있지 않은 상인

■ 기존 상인이 아닌 초보자는 상가내에 입점을 시키지 않는다거나 퇴출시며, 영업시작시간 30분이 지나도 점포문을 열지 않으면 셔터 자물통을 절단기로 자르고 문을 열어 버린다. 뿐만 아니라 상인들에게 매달 일정액의 회비를 걷어 홍보를 대행해준다.

〈셔틀버스〉
구간 : 유어스앞 ↔ 동대문종합시장
시간 : 07:00~19:30(5분간격)
휴일 : 일요일

■ 무료 셔틀버스운행

• 지방 상인유치를 위해 부산, 대

구, 광주, 전주, 울산, 마산 등까지 셔틀버스를 보내며 남대문시장과 시내 주요 호텔 사이를 운행한다.

■ 뮤직박스 설치운영

■ 각종 이벤트 행사

• 유명 인기인 초빙

• 패션쇼

• 댄스경연대회

• 각종 경품행사

■ 판촉단 파견

• 지방상인 및 외국바이어 초청(무료 항공권, 호텔 숙박권, 온천 이용권 등 제공)

■ 외국 디자인 정보제공

• 유학생 디자이너나 현지 거주 한국인 교포를 채용해서 정기적으로 신상품정보를 받아 상인들에게 제공

■ 각 상가내 각 점포별 홈페이지 작성해 인터넷을 통한 상거래를 활성화시키고 있다.

이처럼 자체상가의 발전을 위해서 동분서주하고 있다. 현재 동대문 상권에는 기존 헬로 Apm, 케레스타, 두산타워, 밀리오레 등 32개 대형패션몰이 치열한 경쟁을 하고 있으며, 신규상가도 속속 문을 열고 있다.

3. 동대문 시장 개선해야할 일

/첫째/혼잡한 인도

동대문문화역사박물관역(옛 동대문운동장역) 양쪽 버스정류장 쪽은 낮에는 물론이며, 밤에도 버스, 택시, 자가용, 자전거, 리어커, 오토바이 등이 뒤엉켜 인도와 차도가 어느 것인지 구분하기가 힘들 정도이다. 뿐만 아니라 상가를 찾아 다니려면 인파에 떠밀려 자기가 가고 싶은 곳으로 가질 못하고 짜증만 내다가 지쳐 그냥 되돌아와 버리는 경우도 종종 있다. 지하철 동대문문화역사박물관역에서 내려서 동부상권이나 서부상권 어느 쪽으로 진입하는 길일지라도 가뜩이나 인파에 비해 비좁은 통행로에 노점상들이 많이 차지하고 있어 답답하게 느껴진다. 고객전용 도로가 너무 비좁아 행인들끼리 부딪히는 일이 다반사이다.

/둘째/ 주차장

주차장이 확보되어있지 않아 화물차량을 차도에 새워 놓고 짐을 내리거나 자가용은 물론이요, 지방에서 올라온 대형버스, 관광객을 태운 전세버스, 셔틀버스 기타 퀵서비스용 오토바이 등은 물론 노점상들까지 뒤엉켜 차도와 인도를 점거하고 있으며, 점포들은 안쪽에 진열해야 할 물건들까지도 길가에 쌓아놓고 판매하고 있어 주차할 장소가 마땅치 않아 혼잡을 가중시키고 있다. 따라서 자가용을 가지고 쇼핑하러 가면 무척 짜증스러워진다.

/셋째/서비스 부재

대부분 대형 패션몰의 시설은 일류 백화점 수준이지만, 서비스는 아직도 후진국수준이다. 길가는 손님들을 붙잡거나 큰 소리로 호객하는 행위, 판매사원들과 손님 사이에 물건값 흥정이 제대로 안되면 큰 소리로 싸우거나 삿대질하는 것은 예사이다. 반품에 따른 환불이나 교환을 하러가면 팔 때와 다르게 쌀쌀맞게 돌변하는 말투나 행동 또는 거부하는 행위, 심지어는 외국인이나 어린학생들이 물건을 고르거나 만지다가 만지다가 그냥 가려고 하면 한 쪽 모퉁이로 몰아세우고 위협을 가하는 행위를 어렵지 않게 발견할 수가 있다.

▶ 바가지 상혼

사람을 봐 가면서 바가지를 씌우는 행위 이는 특히 외국인들에게는 더욱 심하다. 보기를 들자면 똑같은 제품일지라도 외국인에게는 내국인 보다 훨씬 비싸게 판다. 수출을 한다는 상인들까지도 주문한 수량보다 숫자가 1~2장이 모자라게 포장을 하거나 상담 때 주문한 견본과 다른 것을 넣어 보내기도 하여 나라 망신을 시키기도 한다.

▶ 물품보관시설 부족

쇼핑객들이 물건사서 보관할 보관시설이 턱 없이 부족하여 산 물건을 쇼핑백에 넣고 들고 다니다 보면 쇼핑백이 2개, 3개 막 늘어나 불편하기 짝이 없다. 일러한 소위 짐보따리를 보관할 수 있는 시설이 있어야 한다.

▶ **탈의실**

탈의실이 없어 옷을 입어 볼 수가 없으며, 있는 곳도 부족하거나 점포에서 멀리 떨어져 있어 불편하기 짝이 없다.

/넷째/품질불량

동대문시장하면 아직도 재래시장의 품질이 낮은 저가 싸구려 물건이라는 이미지를 떨쳐버릴 수 없는 것은 예나 지금이나 마찬가지이다. 실밥처리가 안된 것, 박음질이 터져 있는 것, 같은 옷에서도 칼라가 다른 것, 샘플과 본작업분이 다르게 만들어진 것 등 헤아릴 수 조차 없으며, 외국 바이어들의 불평도 매우 심하다. 철저한 품질관리(QC;Quality Control)가 이루어지지 않는 한 동대문상품하면「중저가 불량품」이라는 딱지를 떼기가 쉽지 않을 것이다.

/다섯째/붕어빵 판박이 쇼핑몰의 공급과잉

대형 쇼핑몰이 우후죽순처럼 생겨나고 있어 심각한 공급과잉으로「제살깎아 먹기」다. 게다가 장사경험도 없고 패션에 관한 전문지식이 없는「왕초보」들 특히 직장생활만 하다가 퇴직금만 달랑들고 나온 사람들이 분양받아 시작했다가 1년도 안되서 퇴직금은 물론 빚만 지고 물러선 사람, 또는 분양만 해 놓으면 임대를 놓아서 매월 임대료를 받게 해 주겠다는 부추김에 분양을 받아 놓고 임대가 되지 않아 결국은 분양금 조차도 건지지 못한 사람들이 부지기수이다. 이처럼 속지 않으려면 처음 분양받을 때에 잘 살펴보고 시작해야 한다. 상가가 제대로 활성화되기 위해서는 우수한 기존 상인들이 상가내 적어도 50~70% 정도는 채워져야 한다. 그래야만이 기획 → 생산 → 판매가 원활히 이루어져 경험없이 들어간 초보자 상인들도 덩달아 휩쓸려 떡고물이라도 챙길 수 있는 것이다. 현재 TV나 신문광고에 자주 등장하는 대형패션몰들이 상당히 과장되고 있다. 겉보기에만 손님이 바글바글하여 장사가 잘되는 것처럼 보이지만, 사실 내면을 살펴보면 실속은 별로 없다. 국내시장은 아무리 활성화된다고 하여도 한계가 있는데, 대형패션몰은 속속 생겨나고 있으니 같은 수의 소비자대상으로 나눠먹기식이다. 따라서 점포공급과잉에 따른 매출부진은 당연한 결과치이다.

상가 개발업자들의 목표와 기업윤리도 패션몰의 성패를 가름하는 열쇠가 된다. 헌데 이들 개발업자들은 대부분 상가 분양 때 온갖 감언이설(분양만 해 놓아도 프리미엄이 얼마로 뛴다든가 세들어 올 사람들이 줄을 서서 기다리고 있다든가 팔때도 얼마의 프리미엄을 받을 수 있다는 등)로 분양을 끝낸 후 운영은 입주상인들에게 떠 넘긴 후 사라진다. 소위 「먹 튀」인 것이다. 이들은 속성상 분양금만 챙기고 가기 때문에 막상 개점한 후 상가침체에 따른 손해에 대한 책임을 지지 않으며, 관리회사가 맡고 있다고 해도 이들은 마켓팅이나 경영 노하우가 없는 단순 관리회사라서 모든 위험부담은 입주상인의 몫이다.

더욱 심각한 문제점은 매머드급 현대식패션몰이 생길수록 상권전체가 침체 해질 수 밖에 없다는 안타까운 현실이다.

/여섯째/수출을 위한 교육기관이 없다.

▶ 내국인 교육

내수 공급과잉에 따른 불황타개책으로써는 수출을 해서 돌파구를 찾는 길이 최선책이다. 동대문 상인들은 수출에 대한 전문지식이 부족하며, 기존 보따리무역 형태로 수출을 하고 있는 점포주들마저도 바이어

패션외국어(일본어, 중국어, 영어)

들과의 사이에 많은 문제가 발생하고 있다. 여러 바이어들에게 주문을 받아 진행을 하드래도 장기간 거래가 성립되지 않는 경우가 많다.

이는 외국어가 되지 않는 상인이 많고 무역거래를 재래시장 감각을 가지고 체계적이고 조직적으로 하지 못하고 있기 때문이다. 바이어가 왔을 때도 겨우 샘플이나 카타로그 정도 내놓고 상담하는 정도에 그치고 있으며, 말이 통하지 않을 때는 전자계산기로 수량이나 가격을 보여주면서 흥정하고 있는 경우가 많다..

상담의 테크닉은 물론 찾아볼 수 없고, 상담후 진행과정도 거의 주먹구구식이다. 한류 열풍으로 하루 5천여명이 넘게 찾아오는 일본과 중국 등의 관광객과 바이어가 동대문쇼핑에 열을 올리고 있는데도 제대로 맥시맘 매출을 올리지 못하고 있는 실정이다. 상인들이 외국어나 무역업무를 배울 수 있는 교육기관도 없는 상태이다.

뒤늦게 동대문의 상인들이나 디자이너들은 이제 내수만으로는 한계점에 와 있다는 사실을 인식하고 수출하려고 노력하고 있으므로 이를 뒷받침해 주는 교육시설이 절실히 요구된다.

▶ 외국인 교육

동대문상권에는 외국인 근로자(판매사원 등)가 많이 늘어나고있어 이들에게 관련전문교육, 소양교육, 한국어교육 등이 시급하다.

/일곱번째/너무 긴 밤 영업시간의 폐해

1996년 남대문시장 상인 일부가 동대문 신설상가에 진출하면서 상권 확보를 목적으로 지방상인을 태운 관광버스 운전기사들에게 금품을 제공하고 자기 상가로 버스를 몰고 오게 해서 지방상인들을 끌어들이는 것과 함께 상가의 개점시간을 앞당기거나 영업시간대를 밤으로 조정하면서 밤 영업이 정착화되었다. 이에 따른 폐해로는

■상인들 건강을 해쳐 젊은이들까지도 과로사하는 예가 상당수 있다.

■유통질서를 문란시키고 있다.

■교통체증을 유발시키고 있다.

■손님이 없는 데도 불구하고 밤새 영업을 위해 불을 밝혀 에너지 낭비등이다.

/여덟번째/노점상, 리어커상

동대문시장은 노점상, 리어커상 천국이다. 특히 밤만 되면 근처의 인도나 차도 가릴 것 없이 이들로 북새통을 이룬다. 물론 동대문 DDP가 완공되면 많이 정비는 되겠지만 도시미관이나 위생문제를 고려해야한다.

■저가 불량상품으로 인한 이미지 훼손

■무세금, 무임대료, 무관리비 등으로 인해 정상영업을 하고 있는 기존상가들의 경쟁력 저하

■가짜 브랜드 상품판매

■고객에 대한 서비스 부재

■쓰레기를 마구버려 환경오염 야기 등

/아홉번째/음식냄새

처음 동대문시장을 다녀본 외국인은 "시설은 백화점처럼 좋아 인상깊었는데, 이상한 음식냄새가 상가전체에 깊게 베어있어 참기가 힘들어 고역이었다"라고 말한다. 가게에서 장사를 하면서 음식을 점포내로 배달시켜서 먹는 상인들이 상당히 많아 그 냄새가 외국인들의 코를 자극하는 것이다. 점포내 음식을 배달해서 먹으면 냄새가 베는 것은 물론이요, 먹고난 빈그릇이 보기도 흉하며 또한 제품에 오물이 묻기도 쉽다.

또한 음식을 머리에 이고 배달하거나 신문지로 덮고서 지나가는 배달원들이 쇼핑객이나 엘리베이터를 타는 손님들에게 부딪치거나 음식물이 튀어 폐를 주게 된다.

/열번째/택시횡포 바가지

특히 외국인들에게는 3천~4천원 거리인 근처 호텔까지 2만~3만원씩이나 바가지 요금을 받는 택시운전수들이 허다하다.

/열한번째/편의시설 보완

외국인을 위한 편의시설 즉, 쇼핑 인프라 구축이 시급하다.

예를 들면

■ 호텔시설이 부족하다.

구입한 물건을 보관할 수 있는 제대로 된 창고를 갖추고 있는 깨끗한 비즈니스형 호텔 또는 장급여관을 많이 지어 외국 바이어들이 값싸고 깨끗한 곳에서 부담없이 머물 수 있어야 한다.

■**음식점**

시설이나 맛, 서비스가 형편이 없고, 음식재료들을 여기저기 바닥 위에 비위생적으로 보관하고 있다.

■**화장실**

잠겨있거나 휴지가 없는 곳이 대부분이며 더운물이 안 나오는 곳이 태반이다. 그나마도 태부족이라 외국인들은 급할 때 화장실 찾기가 하늘에 별따기이며 찾았다고 하드래도 자물쇠로 채워 버린 곳이 많다. 또한 손 씻을 수 있는 시설이 제대로 갖추어져 있지 않은 곳이 많다,

■**간판, 메뉴**

상가의 간판이나 음식점의 메뉴가 한글이어서 외국인이 불편해 한다.

/열두번째/동대문을 싫어하는「통역가이드」

▶ 쇼핑챠지가 없다

여행사를 통해서 한국을 찾아오는 외국 관광객과 동행하면서 통역과 가이드 역할을 하는 소위「관광통역 가이드」들이 관광객들을 데리고 가기 싫어하는 곳이 동대문시장이다. 동대문시장 상인들은 쇼핑 챠지(Charge; 소개비)를 잘 주지 않고 얼마나 관광객에게 팔았는지도 알기가 어렵다. 보기를 들면 면세점에는 관광객들이 들어가서 물건을 사면 카운터에서 아무리 많은 손님이 물건을 사더라도 쇼핑총액을 정확히 집계해서 쇼핑 챠지를 지불한다. 그러나 동대문시장에서는 여러 점포를 많은 관광객들이 들리기 때문에 매출집계가 어렵다.

▶ 통역원의 불편함

면세점에 가면 점원들이 외국어가 유창하기 때문에 통역가이드들은

휴게실에서 쇼핑이 끝날 때까지 휴식을 취할 수 있는데 반해 동대문시장에서는 말이 잘 통하지 않아 처음부터 쇼핑이 끝날 때까지 통역을 해 주어야 하므로, 피곤하다는 것이다. 따라서 가이드들은 대개 외국관광객을 데리고 동대문 가는 것을 꺼린다. 그러므로 동대문상인들의 외국어 공부는 필수이며, 매출액 대비 5~10 퍼센트 정도 챠지를 지불하는 것도 상례화시켜야 한다. 선진국일수록 물건을 소개하는 중개인에게 지불하는 커미션(구전)이 제도가 잘 되어 있다.

/열세번째/봉제 인력공급 부족

패턴사, 미싱사 등 봉제업종에 관련있는 인력이 턱없이 부족한데다 3D업종으로 인식이 되어 젊은층에서는 배우려고 하는 사람들이 거의 없어 점차 노령화하고 있다. 따라서 인력양성 및 시설자동화가 시급하며 이에 대한 지원책을 세워야 할 것이다.

/열네번째/

동대문상권내에 제품을 촬영할 수 있는 주차장을 갖춘 스튜디오구축이 시급하다. 특히 상인들은 멀리 압구정동, 중곡동 등 스튜디오를 이용하고있어 비용과 시간낭비가 심하다.

/열다섯번째/상도가 없다.

동대문상인들이 자부심을 가질 수 있는 나름의 상도를 정립해야 한다. 이는 지속적인 교육을 통해서 가능할 것 이다.

제4장 – 동대문관련 기관

1. 동대문패션타운관광특구협의회

홈페이지 : www.dft.co.kr

연락처 : TEL 02-2048-0500~1 FAX 02-2048-0502

주소 : 100-726 서울시 중구 을지로6가 17-2 케레스타 1543호

사무국장 지대식씨

동대문축제 (apM 무대)

동대문축제 (패션쇼)

- **개요**
  - 한국의 재래시장을 대표할 뿐만 아니라 국제적인 패션밸리이며, 관광 쇼핑명소로 널리 알려진「남대문 시장에서 동대문시장 일대에 이르는 서울의 벨트」를 정부에서「관광특구」로 지정했다.
- **주요업무:**
  - 동대문상권의 상가 및 상인의 발전을 위한 홍보, 정책입안 및 추진

- '하이 서울 패션 축제' 개최
  (주최) 서울시
  (주관)동대문패션타운관광특구협의회, SBA서울산업통상진흥원(서울패션센터)
  인기연예인초청행사, 쇼핑이벤트, 패션쇼핑이벤트와 패션쇼, 바이어초청 수출상담회, 사은 및 경품행사 등 다양한 프로그램으로 고객과 외국인관광객, 바이어를 유치한다.
- 상인들의 교육이나 해외바이어 등 고객유치를 위한 홍보, 광고 등
- 관광안내도제작 : 한국어 · 일어 · 중국어 등
- 기타 지원봉사업무

2. 서울패션센터

주소: 서울시 중구 마장로 22(유어스4층)

연락처: TEL: 02-3670-4500 FAX: 02-3676-6511

서울시는 재래시장의 대명사격인 동대문의 세계화를 추진키 위한「서울 패션 센터」를 운영하고 있다.
센터가 하는 일은

동대문페스티벌 패션쇼

수출상담회

- 패션산업활성화 : 상품판매상담 및 수출알선, 판매전시장 설치 등
  - 서울패션위크(서울컬렉션) 지원
  - 동대문 등 패션 비즈니스 지원사업
  - 동대문 패션축제 및 수출상담회(일본, 중국 등 해외바이어 초대)
  - 동대문 수출지원센터 운영
- 패션마케팅 : 패션제품의 홍보 및 해외 판로개척을 위한 마케팅 지원
  - 글로벌패션브랜드 육성사업
  - 한류시장개척단 해외파견
  - 해외컬렉션참가 지원
  - 동대문상권내부역량강화
  - 서울패션산업 홍보
- 패션인재육성: 전문 인력 양성
  - 동대문패션창작스튜디오운영(유망신진디자이너 인큐베이팅시스템)
  - 서울모델리스트 컨테스트 개최
  - 대학패션위크 개최
  - 신진디자이너 컬렉션 개최
  - 패션 실무 교육 등
- 패션기획 및 개발지원:
  - 패션기업 비지니스지원 사업(R&D, 경영, 브랜드마케팅, 소싱, 법률특허 세무서비스 등)
  - 동대문패션지원센터 운영
  - 중소패션기업 비즈니스 및 브랜드 지원
  - 디자인기획실 및 패턴실 운영

패션창작스튜디오 디자이너룸

패션창작스튜디오 봉제실

패션창작스튜디오 스튜디오

창작스튜디오 담당 이슬씨

- 패션정보제공:
  - 온라인 정보제공
  - 패션 전문 포털사이트 운영 (www.sfc.seoul.kr)
  - 패션 전문전자책 발행(e-패션포커스)
  - 정보자료실 운영
- 패션인프라제공: 관련 전시회, 행사 등을 개최하고 홍보
  - 세미나실, 교육실 운영
  - 패션아트홀 운영
  - 상설전시판매장

패턴실 전지수 패턴실장

서울패션센터 발행자료

패션트렌드 세미나

3. 동대문패션지원센터

입주한 봉제공장(동대문패션지원센터)

홈페이지 : www.sfc.seoul.kr

연락처 : TEL : 02-2256-6680~1

FAX : 02-2256-6682

주소 : 110-550 서울시 종로구 숭인동 234-2 숭인빌딩

● **개요**

- 의류산업 생산기반을 강화하고 서울지역의 패션산업을 활성화하기 위해 서울시와 서울산업통상진흥원(SBA)이 동대문 패션상권 내에 설립한 공간
- 업체의 제품을 항시 전시할 수 있는 전시실과 공간 또는 공간 차지가 커 구매하기가 어려웠던 장비를 공동으로 사용할 수 있다.
- 집적화되어 있는 '디자인-생산-마케팅'의 원스톱시스템을 운용한다.
- 관련제조업체가 단순 OEM 방식에서 벗어나 차별화된 고급제품을 생산해 기술강화와 판로확대 등 서울 패션산업 발전에 크게 기여한다.
- 최신 패션 트렌드와 생산 기술 등에 관한 교육, 의류 · 봉제업 관련자들의 마케팅 기법 및 생산 현장에 꼭 필요한 교육 프로그램도 진행한다.

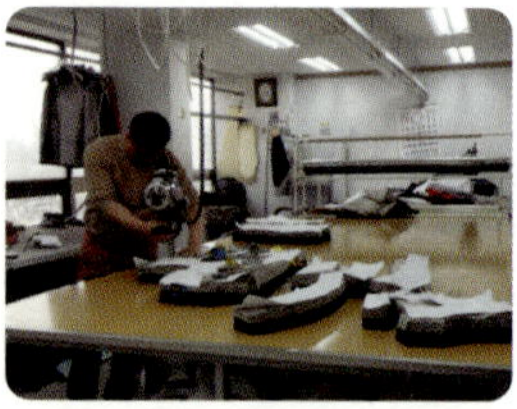

재단공정(동대문패션지원센터)

● **운영 :** 의류 등 패션 관련 교육 등의 다양한 프로그램 지원

4. 성동토탈패션지원센터

홈페이지 : 성동토탈패션지원센터 www.sstf.or.kr
글로벌인터넷쇼핑몰 www.shoenbag.com
연락처 : TEL 02-465-7870~2 FAX 02-465-7873
주소 : 135-832 서울시 성동구 성수2가 3동 277-9 EM타워

이부경 센터장

〈미니인터뷰〉 "관련기업들이 그동안 우수한 기술력을 갖고 있음에도 디자인의 부재와 설비 낙후 등 영세한 환경으로 이를 살리지 못하고 해외 진출에 어려움을 겪고있습니다. 이제는 단순 OEM거래에 머물던 업체들에게 최신 장비와 ODM방식으로 경쟁력을 갖춰 수출을 할 수 있도록 센터를 개소했습니다"

개요

- 성동구는 신발, 가방, 가죽제품 등 360여개의 토탈패션업체가 밀집된 지역으로 서울시는 이곳을 토탈패션중심지로 집중 육성하고있다.
- 디자인창작지원실, 생산(봉제)기업, 공용장비 및 지원시설을 한곳에 모아 놓은 최첨단 센터로 기존의 단순 OEM 방식에서 벗어나 원스톱 지원체제로 고급제품을 생산하고 기술경쟁력 강화, 판로개척 등 패션산업 발전에 크게 기여하고 있다.
- 센터에는 구두 및 핸드백 제조 등에 종사하는 6개 업체가 입주해 있고, 이 업체들은 2년간 센터에서 상주하게 되며, 1회(2년)에 한해 연장이 가능하다.
- 제품을 상시 전시할 수 있는 전시실과, 제품생산에 필요했으나 고가이거나 공간을 많이 차지해 구매가 어려웠던 장비를 공용으로 사용할 수 있는 장비실, 국내 · 외 최신패션정보와 트랜드 검색이 가능한 정보실과 회의실, 휴게실 등이 마련되어 있어 무료 또는 실비로 이용이 가능하다.

전시실(성동토탈패션지원센터)

업무

- 생산한 제품을 전시실에 직접 전시하거나, 제품판매 등을 위한 고객 상담시 센터 회의실을 이용할 수 있으며, 향후 최신 트랜드 및 생산 기술등에 대한 교육도 실시하고 있다.
- 제품 생산업체와 신진 유망디자이너를 함께 입주시켜 생산기반이 취약한 초기 창업디자이너에게는 생산 거점을 제공해 주고, 디자인 인력이 부족한 생산기업에게는 디자인 컨설팅 및 공동작업을 통한 자체브랜드 창출의 기회를 준다.
- 관련기업(구두, 가방, 액세서리, 벨트 등)들에게는 패턴CAD, 재단, 특수봉제 등의 첨단 공용장비시설과 디자인 기획 및 샘플제작실, 전시실, 자료실

장비실(성동토탈패션지원센터)

등 각종 지원 인프라를 구축해 디자인, 생산, 마케팅 등 전반적인 지원을 한다.

- 글로벌인터넷쇼핑몰을 만들어 국내는 물론 일본어, 중국어, 영어권까지 수출이 가능하도록 무역거래를 중개하면서 컨설팅해주고 있다.

5. 서울디자인재단

서울디자인재단 (SDF; Seoul Design Foundation)

설립목적 : DDP(Dongdaemun Design Plaza & Park)

동대문 디자인 플라자 & 파크 동대문역사문화공원 시설을 기반으로 서울의 디자인 산업 진흥 및 디자인 문화 확산에 필요한 각종 사업을 성공적으로 수행함으로써 서울의 디자인 경쟁력을 국제적 수준으로 향상 시키는 것을 목적으로 함

설립일: 2008.12.16 (업무 개시일 : 2009년 3월 2일)

〈연락처〉

주소 : 서울 중구 서소문동 21-1 연호빌딩 9층 서울디자인재단

홈페이지 : http://www.seouldesign.or.kr

TEL 02-3705-0000 FAX 02-3705-0005

종합안내센터 : TEL 02-2266-7077

〈지하철〉 2호선 시청역 11번 출구

▶ DDP(동대문디자인 플라자&파크)

동대문이 세계적인 상품교역중심지로는 '글로벌브랜드' 소프트웨어

개발, 즉 세계의 디자인 메카로 변신하는 날이 닥아오고 있다.

그것은 지금, 서울시가 3,758억원을 투자해 동대문운동장 철거해, 시민의 디자인 플라자와 휴식 공원을 만들고 있어, 복합문화 공간과 강남의 COEX(전시장)보다 뛰어난 대규모 컨벤션 센터를 짓고 있다. 이제 시민은 동대문에 가면 넓은 공원에서 편히 쉴 수 있고, 우수한 디자인을 만날 수 있는 현대 쇼핑몰에서 물건을 사고, 보고 즐기며, 놀며 쉴 수 있다. 특히 세계의 유명한 건축 디자이너로서 건축의 노벨상이라고 말하는 프리츠커상을 탄 영국의 자하하디드(ZAHA HADID)가 설계한, 2층 규모의 곡선형 디자인에 건설되는 DDP는, 세계 각국의 기업이 모여, 디자인과 패션 관련 전시나 행사, 이벤트, 세미나 등을 개최하는 디자인허브가 된다.

서울시는 동대문 디자인 플라자&파크를 조성해, 주변 일대를 종합 디자인 파크로 만들고 있으며, 녹지대로 변하고 있다. 이것이 조성되면, 그 주변 일대는 종합 파크 타운이 된다. 또, 진입 구간 도로나 보도를 기하학적 구조로 개조해, 보행 공간 확보나 이면 도로의 환경 정비를 해, 24시간 차 없는 거리도 검토하고 있다. 주변 환경 정비에 따르면 동대문은 깨끗하고 디자인적 요소가 두드러지는 거리로 변신해, 재래시장도 함께 쇼핑, 관광 명소로 발전할 것이다.

원래 황학동에 있던 벼룩시장은 가까이 있는 청계천변의 옛 숭인여자중학교 부지로 이전해, 서울 프리마켓을 열고 있다. 이제동대문 DDP가 완공되면 전세계속에 각광받는 '글로벌 브랜드' 가 될 것으로 기대한다.

▶ 동대문이 바뀐다! 1일 70만명이 방문

DDP에는, 컨벤션, 전시관, 체험관을 세우고, 동대문운동장 철거지역은 서울의 디자인 산업 집적지로 변한다. 서울시는, "동대문을 세계적인 문화 예술의 중심지로 조성해 관광 명소라고 평가할 계획"를 분명히 했다. 동대문에 쉴 때가 없다고 하던 단점을 대폭 보완하기 위해 역사 문화 박물관과 광대한 녹록 공원을 조성해, 물과 녹지, 문화 시설 등을 배치했다. 동대문내에서는 서울 성곽의 일부를 복원하여 서울의 역사 문화 체험을 할 수 있다. 그리고 디자인 플라자를 세우고, COEX보다 훨씬 좋은 수준의 컨벤션 센터를 만들고 있다.

여기에는 상가를 만들지 않고, 순수하게 예술활동이 원활하도록 지원한다. 다목적 컨벤션 홀, 전문 전시관, 역사 문화 박물관, 체험관, 패션 정보 센터, 사무실 및 편의 시설 등의 디자인 종합 시설을 짓고 있다.

동대문역사문화공원 지하철역 주변안내도

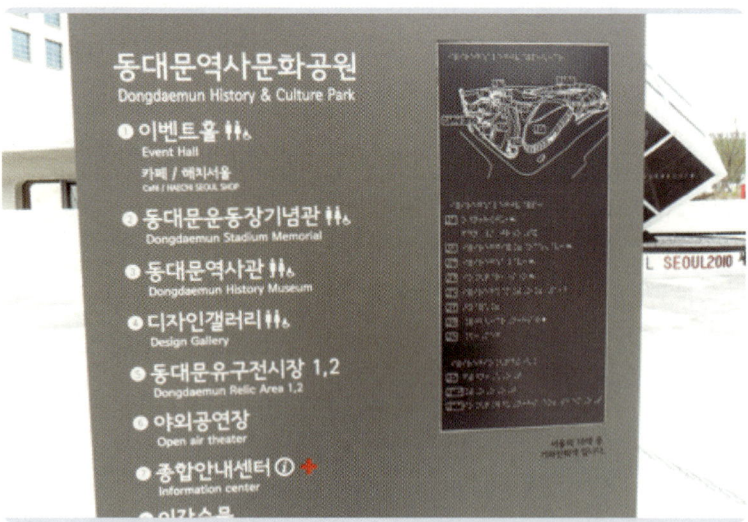

그것은 창작자와 소비자가 한 몸이 되고 디자인을 체험해, 그것을 상업화 시키는 역할을 하고, 디자인 문화와 관광중심지를 목표로 하고 있다. 주문형 디자인 정보 플랫폼, 디자인 컨소시엄 및 마케팅 프로그램 등을 구축하고, 디자인 창조역량을 강화한다. 또 실험적 디자인 상설 전시, 신제품 디자인 테스트, 디자인 페어 및 컨벤션, 서울 디자인 주간, 서울 패션 주간(서울컬렉션) 등을 기획 추진한다.

▶ 기대 효과

DDP가 완성되면, 서울시는 30년간, 총생산 유발 54조원, 고용 유발 45만명의 경제적인 파급효과가 있다고 한다. 관광 인구의 증가와 동시에, 주변 상권의 활성화도 물론 예상하고 있다. 서울 패션 분야의 년 매출은 총 20조원이지만, 건축 후 10년 이내에는 30조원 수준까지 증대시킬 계획이다. 서울시를 세계 5대패션 도시에 끼게 할 방침이다.

관광측면에서는 랜드마크 방문에 따른 유동 인구가 1일 60만명에서 70만명이 되며, 향후 연간 외국인 관광객은 1,000만명으로 늘어날 전망이다. 또, 동대문 개발에 따른 한국내 디자인 산업분야의 매상을, 현재의 7조원에서 15조원까지 늘려, 세계 디자인 산업의 중심이 되도록 추진하고 있다.

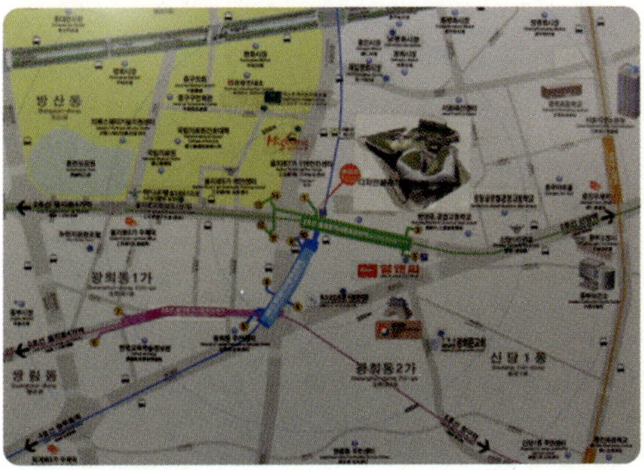

동대문역사문화공원 안내도

▶ 청계천 문화 공간과 끝없는 쇼핑 문화

거대한 DDP를 만드는 공사 현장은, 동대문의 미래를 약속하고 있다. 현재, 동대문 지역은 동부 도매 상권과 신규 소매 쇼핑 몰이 모여 있는 서부 상권, 서부와 동부의 중간 지대인 중부 상권으로 나눌 수 있다. 중부 상권은 도, 소매업을 동시에 하고 있지만, 신규 상권인 서부 상권은 소매에 힘을 쓰고 있다. 경기 변화에 민감한 소매업은, 한국의 경기 하락과 함께 서부 상권에도 타격을 주고 있다.

동대문 상권의 유명 현대식 쇼핑몰의 요지인 1층 에스컬레이터 옆 점포도, 최근에는 국제금융위기이후 불경기에 장사가 잘 되지 않는다. 그렇지만, 인터넷 쇼핑몰을 운영 하고 있는 점포는, 급격하게 매상이 늘어나고 있다. 한국에서는 인터넷 상거래는 불황이면 불황일수록 돈을 벌 수 있다. 불경기로 지갑이 얇아질수록 소비자는 싸게 사기 위해서 인터넷에서 가격을 비교하면서 살 수 있고, 교통비 써가면서 밖에 나가지 않고도 되므로 비용이 절감되기 때문이다.

현재, 동대문에서 영업하고 있거나 입점을 준비하고 있는 쇼핑몰은, 신흥 서부 상권, 현대식 동부 상권, 평화 시장 등의 기존 상권을 합해 42,000개 가게가 있지만, 이 중에 20% 정도가 비어있다고 추정한다. 이러한 공급초과 현상은, 상인의 출혈 경쟁과 수익성 악화로 이어진다. 상가 분양 전문가들의 말로는, 맥스타일 등의 신규 대형 쇼핑 몰이 잇달아 완공, 그 공급 과잉의 여파로 장사가 더 안될 것이라고 말한다. 경기 하락에 따른 지방 의류 상인 등 중간 상인의 활동이 줄어 든 것도, 동대문 쇼핑 몰의 악재로 친다. 게다가, 상가의 컨셉이 천편 일률화 돼 시장의 차별성에 한계가 있다.

저가격형 national brand 등장과 인터넷 쇼핑몰의 활성화로, 동대문 쇼핑 몰의 물건과 같은 물건들이 더 싸게 팔리고 있다.

동대문의 도, 소매업은, 차별화된 상품 판매 전략없이, 어느 쇼핑 몰에서도 같은 상품을 같은 판매 방법으로, 같은 손님을 타겟으로 하고 있는 실정이다. 게다가, 쇼핑 몰과 입점자의 상품 기획력과 홍보력이 부족하다. 기존 쇼핑 몰과 같은 시설, 물건, 마케팅을 반복하는 것은 서로간에 제살 깍아먹기식이어서 살아 남기가 힘들다.

동대문역사문화공원 전경

지금까지 수많은 인파가 몰리는 동대문에는 대표적인 휴식처와 문화, 여가를 즐길 수 있는 공간이 없다는 단점이있었지만, 청계천관광자원과 함께 구동대문운동장의 공원 조성 사업 등으로 해결되었다. 이제 동대문은 세계를 향한 새로운 성장을 기대할 수 있다.

6. 동대문수출지원센터

(동대문외국인 구매안내소)

홈페이지 : www.donami.or.kr

연락처 : (TEL) 02-2261-2192
(FAX) 02-2261-2195
(업무시간) 12:00~21:00
(휴무)토, 일요일, 공휴일

동대문수출지원센터

▶ 동대문은 일본소매상 천국

일본의 장기 불황으로 점차 도매상들의 역할이 축소되고 있다. 예전 경기가 좋았을 때는 단위당 1,000장~2,000장 정도 많은 수량을 오더(Order;주문)해서 가져갔으나 팔리지 않았을 때의 재고 부담으로 차츰 단위당 수량이 적어지면서 요 근래에는 정식 무역일 경우에도 50~100장 많아야 300장 정도 오더해 가는 것이 관례화 되었다. 따라서 도매상(돈야)들은 차츰 설 자리를 잃고 있는 것이다. 그 자리를 소매상들이 직접 동대문을 찾아가 메꾸어가는 경향이 짙어지고 있다. 하루 평균 2,000여명의 일본 소매상들이 몰려들고 있는 데, 이들은 주로 청평화시장, 신평화시장, 유어스, 디자이너 클럽, 팀 204 등 주로 캐주얼, 정장이나 액세서리, 잡화(가발, 가방 등)를 주로 구입해 간다. 한 차례에 50~300장 정도 주문해가며 액수로 환산하면 300만원~1,000만원 정도 된다. 한편 날이 갈수록 이러한 소규모 무역상들이 증가현상을 보이고 있다. 이들은 매주 1~2차례 정기적으로 동대문시장을 방문해 주로 일본의 10~20대들이 즐겨입는 최신 유행상품을 사간다.

▶ 역할

바이어 홍보

외국바이어 유치를 위한 홍보활동을 하고 있다.

무료 통역서비스

바이어들이나 상가상인들이 원하면 어텐드(Attend;동행)나 출장 통역 서비스를 제공하고 있다.

홈페이지 구축

각 상가별 위치, 특색, 판매상품 등을 점포별로 DB(Data base)화 해놓고 인터넷을 통해 바이어가 찾아 올 수 있게 했다.

자료정보 제공
해외 및 국내 패션잡지, 해외 유명컬렉션(밀라노, 빠리, 런던, 뉴욕)의 비디오 테입 등을 구비해 놓고 열람할 수 있게 했다.

원스톱(One-Stop) 서비스 체제
외국인들과의 상담을 통해 가격흥정 – 상품구입 – 포장 – 운송 – A/S(상품을 팔면서 발생하는 제반 불만사항)까지 풀서비스로 제공하고 있다.

▶ 인터넷 동대문 쇼핑몰 구축

위 서울패션센터에서는 각 상가번영회들과 협력하여 인터넷 홈페이지와 쇼핑몰 구축작업을 해 놓고 그날그날 변동 사항에 대한 업데이트(Update)작업을 해나가고 있다. 이를 기초로 하여 각 상가별 점포의 상품 및 생산업체 리스트를 만들어 원단, 부자재는 물론 완제품 정보 검색 – 구매 – 대금결제 – 상품운송까지를 서로 이어주고 항공사, 여행사, 숙박업소, 운송회사 등 관련정보도 제공한다.

동대문수출 지원센터 영어담당 송설아 씨

동대문수출 지원센터 일어담당 이은실 씨

패션수출 밸리의 환전상

이제 동대문시장은 매일 6,000명이 넘는 외국인의 발길이 닿는 국제 상업도시로 변해 버렸다. 동대문 상권내 환전상이 20여군데이며, 하루 거래하는 외화 액수만 해도 300만 달러가 넘는다. 관광객조차도 물건을 사가지고 가서 되팔고있다.

특히 일본, 중국 소매상과 백화점이 눈에 띄게 늘어나고 있으며 중국권, 타이완, 홍콩, 러시아 등 기타 외국 바이어도 계속 늘어나는 추세이다. 외국 상인들이 몰리는 시간은 주로 밤 11시~새벽2시 사이이며, 이들이 사가는 액수는 연간 10억~15억 달러 이상일 것으로 추산하고 있다. 최근 동대문상권에 외국 상인들이 몰리면서 이 일대의 사설 환전상들은 제철을 만나 즐거운 비명을 지르고 있다. 밀리오레, 두산타워 등 대형패션몰 주변에는 이들 환전상 20개소 정도가 바삐 움직이고 있다.

▶ 외국인들이 가장 붐비는 곳은

• 디자이너클럽 - 일본, 타이완, 홍콩

• 팀 204 - 중국권(타이완, 홍콩, 중국)

• Apm - 중국권

• 제일평화시장 - 일본, 중국권

• 신평화4층(20대~40대 여성복) - 일본

• 동평화/ 청평화 - 일본, 중국, 러시아

• 유어스 - 일본, 중국

• 광장시장(백산, 대신, 예지상가) - 일본(40대 이상 아줌마용 상품) 등 도매상 위주 상가이며, 굿모닝시티, 헬로우Apm은 도 · 소매상, 밀리오레나 두산타워는 관광객, 소매상이 주로 찾는 곳이다.

• 가격 경쟁력 수출효자

동대문 상품은 충분한 가격경쟁력도 지니고 있다. 유명 캐주얼 브랜드 상품인 노티카는 백화점에서 20만원 가까이 판매하고 있지만, 이곳에서는 단원 4만원 정도에 살 수가 있다. 디자인은 최신 유행품이며 품질은 백화점 물건에 비해 손색이 없다. 바느질도 꼼꼼하게 잘 해 놓았고 부속자재도 튼튼한 것을 사용해서 한군데도 나무랄 데가 없는 것이다. 백화점니아 마트 제품들도 정상가 판매품은 몰라도 세일을 거치면서 행사용이나 매대에서 판매하는 물건들은 품질이 엉망인 것은 세일이나 행사를 위한 물건을 별도로 만들어서 팔기 때문이다.

바겐세일이나 행사 때 파는 물건은 원래 정상 판매품을 팔지 못해 재고로 남는 것을 내놓아야 정상인데 세일용으로 별도를 만들어서 팔기 때문에 품질이 떨어질 수 밖에 없는 것이다. 이처럼 동대문 제품들의 품질이 좋아지니까 외국 바이어들도 예전 싸구려 물건이나 땡물건만 찾던 러시아, 동남아권 보따리 무역상들이 차츰 줄어들고 대신 일본, 중국, 대만, 홍콩의 디자인과 품질을 좇는 고가 바이어들의 발걸음이 눈에 띄게 증가하고 있는 추세이다.

동대문 시장에 이들 외국바이어가 없었다면 97년 IMF때나 08년 미국발 세계금융위기이후 불황을 버티기 힘들었겠지만, 이들이 수출효자 역할을 한 몫 단단히 해주고 있는 것이다.서울패션센터 집계로는 년간 10~15억 달러쯤 수출하고 있는 것으로 나타나 있다.

나홀로 무역시대

이제는 혼자서도 무역을 할 수 있는「나홀로 무역」시대이다. 우리와 가장 교역량이 많은 중국은 물론이요, 아프리카나 남미의 오지까지 지구촌 구석구석 어느 나라일지라도 안방에서 컴퓨터 1대 가지면 인터넷을 통해 샅샅히 뒤지고 찾아서 무역을 할 수 있는 것이다. 예전에는 무역이란 대기업이나 무역전문가 집단이 해야 하는 것으로 인식 되었으나, 인터넷이 이러한 고정관념을 파괴시킨 것이다. 가정주부, 학생, 퇴역군인, 퇴직자 등 어느 누구라도 안방에서 인터넷을 통해 나홀로 무역전선에 뛰어 들 수가 있는 것이다. 여기에 불을 댕긴 곳이 동대문 시장이다. 늦게나마 이곳 재래상인들도 인터넷의 장점을 알게 되어 인터넷 판매가 일반가정에 까지도 널리 퍼지도록 쇼핑몰을 구축하면서 더욱 친근하게 된 것이다.

약간의 무역지식과 인터넷쇼핑몰 운영 기술 그리고 외국어만 좀 배운다면 가정집에서도 주부나 학생들까지도 인터넷으로 무역을 할 수 있는 시대이다. 또한 2010년 G-20정상회담을 성공적으로 마친 후 한국의 위상이 더욱 높아져 외국바이어들이 동대문에도 더 많이 몰려들고 있다.

7. 서울패션위크(서울컬렉션)

홈페이지: http://seoulfashionweek.org/

연락처: 전화 02-3670-4548 / 팩스 02-3670-4558

주 소: 서울시 중구 신당동 251-7, 유어스 4층(서울패션센터 운영팀)

"서울패션위크'

서울특별시가 패션을 6대 신성장동력산업 중 하나로 지정하고 서울패션위크를 패션사업중 가장 중점적으로 추진하고 있으며, 패션쇼, 패션페어, 패션교류 프로그램 등

행사를 통합하여 매년 2차례(3월/ 10월)개최하고 있다.

주최 : 서울특별시
주관 : 서울패션위크조직위원회, 서울통상산업진흥원(SBA), 서울패션센터

서울패션위크

서울컬렉션 전시관

제5장 – 체험하기(동대문)

1. 동대문 체험(유통, 패션디자인, 인터넷쇼핑몰) 코스

(1) 서울시 서울패션센터

www.sfc.seoul.kr/ : 체험학습시간 2~3시간(수용능력, 시간등 제약사항이 있음)

1) 전시관 : 창작스튜디오에 입주해 있는 신진디자이너(80명)들의 작품을 전시해 놓고 판매하고 있다.
2) 패션정보자료실 : 외국패션잡지, 패션디자인서적, 세계각국컬렉션 자료(파리, 밀라노, 뉴욕, 도쿄 등)가 다양하게 갖추어져 있다.
3) 패션디자인실 : 트렌드 칼라카드, 디자인기획자료, 서울컬렉션 자료 등이 있으며, 필요한 패션디자인을 기획해 봉제사양서까지 실비로 제작해 준다.
4) 패턴실 : 봉제용 패턴을 실비로 제작(CAD 유카)하고 있다.
5) 세미나실(패션트렌드 교육 초대) : 뉴패션디자인 트렌드세미나를 개최한다.
6) 서울패션위크(서울컬렉션) : 서울컬렉션조직위원회 사무실이 있다.
7) 창작스튜디오 : 신진디자이너(80명 입주)
   - 서울시가 패션산업발전을 위해 유망한 신진디자이너 80명을 입주시켜 세계적인 디자이너로 육성하고 있는 디자이너인큐베이터이다.
   - 전용사무실(3~5평 정도), 봉제실, 촬영스튜디오, 패션쇼장 등을 무료로 사용한다.
   - 서울컬렉션 및 세계각국유명컬렉션에 진출하도록 지원해 준다.
   - 유명 백화점, 동대문유명 상가 등 입점 혜택을 준다.
   - 3개월에 50~200만원정도 지원해 준다.(단 작품을 만들어 심사에 합격해야 함)

신경여실고
디자인정보자료실 체험

신경여실고
서울패션센터 체험

(2) 아이소다

(동대문 인터넷패션쇼핑몰 회사 http://gfcomms.co.kr/): 체험 30분~1시간 동대문 유어스상가에서 운영하고 있는 동대문의 대표적인 인터넷패션쇼핑몰이다.

아이소다 동대문상품 사입과정 특강
이영표 팀장

(3) 동대문패션지원센터 : 1시간

1)전시실
2)패션자료실
3)봉제공장(아파트형)
4)CAD실 등

(4) 성동토탈패션지원센터

www.sstf.or.kr
1)시간: 2시간
2)수용인원: 15명 정도
3)품목: 구두, 액세서리, 가방, 잡화 등

동대문패션지원센터

2. 인터넷패션쇼핑몰 메이크샵(호스팅서비스 제공)

www.makeshop.co.kr

http://high.makeshop.co.kr(고교생용, 교사용)

(1)장소 : 동대문상가 굿모닝시티 16층
(2)수용인원 : 30명
(3)인터넷 쇼핑몰 창업(교육) : 2~6시간까지 가능
(4)쇼핑몰구축

1)포토샵
2)HTML, 드림위버
3)플레시
4)인터넷마케팅 등
5)스튜디오 사진촬영 등

3. 기타 동대문상가 유통 체험코스

(1)서쪽 : 소매상권 (두산타워, 밀리오레, 헬로에이피엠, 케레스타, 굿모닝시티 등)
(2)동쪽 : 도매상권 (청평화시장, 신평화시장, 광희패션몰, 유어스, 디자이너클럽, 제일평화시장, 에이피엠 등)
(3)원단, 부자재 상가 : 동대문종합상가
(4)자수상가 : 동화상가
(5)한복시장 : 광장시장

동대문관련 체험 문의 (etchung11@hanmail.net)
동대문(DDP; DONGDAEMUN DESIGN PLAZA)
국제교류교육연구원 (www.geeri.kr) : 원장 정승일
※인원수와 시간등 제약사항이 있음.

제6장 – 동대문 인기짱

1. 동대문상품으로 대박내는인터넷쇼핑몰

〈서울권〉

- http://www.3b.co.kr/	동대문3B(여성복)
- www.ribbontie.co.kr	리본타이(여성복 : 스토리텔링)
- www.thestar.co.kr	더스타(남녀의복)
- http://www.pinkygirl.co.kr/	핑키걸(여성복 : 스토리텔링)
- www.lotoco.com	로토코(남성복)
- www.elvandress.com	앨번드레스(맨즈)
- www.e-jade.co.kr	명품스타일(여성복)
- http://www.wingsmall.co.kr/	윙스몰(여성복)
- www.bagazimuri.com	바가지머리(여성복)
- www.liphop.co.kr	립합(여성복)
- www.stylenanda.com	스타일난다(여성복)인천
- www.twang.co.kr	트왕(여성복) 인천
- www.manmarket.co.kr	맨마켓(남성복) : 김포
- http://www.chocomom.com/	초코맘(미시) : 구리시

〈지방〉

- http://www.style-story.com/	스타일스토리(여성복) : 대구
- www.strawberry-shower.com	스트로베리샤워(여성복) : 대구
- www.sundoboo.com	선도부닷컴(남성복) : 대구
- www.hotboom.co.kr	핫붐(남성복) : 광주

2. 사진으로 보는 동대문명품 디자이너숍

동대문 베스트 브랜드샵

동대문종합시장
호야 B4105 / 강병수 샵 마스타
TEL.02-2264-9399

광희패션몰 태화 3층 98
TEL.02-2237-9116

광희패션몰 위너스 2층 102
TEL.02-2238-9059

세뇨리타 두타 1층
TEL.02-3398-4554

해갈지인 두타 1층
TEL.02-766-3591

효리 디자이너클럽 2층 38
TEL.02-2237-5637

KATE스타일 디자이너클럽 5층 19
TEL.02-2231-3761

씨저스 청평화 라5층 518
TEL.02-518-0166

블루팝 청평화 4C 430
TEL.02-2232-7781

다비다 신평화 4층 A430
TEL.010-8927-2719

제7장 – 각 상가별 가이드

취급 품목과 특징: (2010년 12월 현재)

1 ▶ 굿 모닝 시티(GOOD-MORNING CITY)

1. 지하 2층에는 스포츠 전문점이 밀집해있어, 스포츠 마니아들이 잘 가는 상가
2. 멀티 메가 박스 영화관(9층))이 있어10~20대의 젊은이가 많이 모인다

A동 층별	층별 영업 시간	취급 품목
9 F	메가 박스(영화관)	전문 레스토랑가
5 F	10:30~다음날05:00	액세사리, 귀금속 등
4 F	10:30~05:00	남성옷, 리사이클 의류 등
3 F	10:30~05:00	여성 토탈 패션
2 F	10:30~05:00	여성 토탈 패션
1 F	10:30~05:00	여성 토탈 패션
B1 F	10:30~05:00	여성 토탈 패션
B2 F	10:30~05:00	스포츠 전문점(나이키, 리복, 프로스펙스, 퓨마, 르카프, 미즈노, 아식스 등)

- **홈페이지 :** www.goodct.co.kr
- **주소 :** 서울시 중구 을지로 6가 18번지 21
- **연락처 : TEL.**02-2118-8700 **FAX.**02-2118-8709
- **휴일 :** 화요일 오전 5시~수요일 오전 10시 30 분
- **지하철 :** 1, 4호선 동대문역 8번 출구 도보 9분 / 2, 4, 5호선 동대문 역사 문화 공원역 13번출구 도보 2분

굿모닝시티

굿모닝시티 스포츠 전문상가

2 ▶ 헬로우 apM

1. 동선이 넓어 여유있는 쇼핑을 즐길 수 있으며, 은은한 조명과 인테리어는 유럽의 쇼핑거리 같아 아늑함을 느낄 수 있다.
2. 동대문 도매점포와 온라인 쇼핑몰 제품이 한데모여 인기를 모으고 있다.

A동 층별	취급 품목
7 F	구두, 가방, 벨트리
6 F	패션 잡화등
5 F	남성 캐쥬얼 의류 등
4 F	남성 토탈 패션
2 F ~ 3 F	여성 캐쥬얼
1 F	여성 토탈 패션
B1 F	스포츠 용품, 운동화

- **홈페이지 :** www.helloapm.com
- **주소 :** 서울시 중구 을지로 6가 18번지 35
- **연락처 :** **TEL.**02-6388-1114 **FAX.**02-6388-1256
- **영업시간 :** 오전 10시 30분 ~다음날 오전 5시
- **휴일 :** 화요일 오전 5시~수요일 오전 10시 30 분
- **지하철 :** 1, 4호선 동대문역 8번 출구 도보 8분 / 2, 4, 5호선 동대문 역사 문화 공원역 13번 출구 도보 3분

야경

헬로우apM 앞 광장

3 ▶ 밀리오레(소매)

1. 전국적으로 쇼핑 몰의 붐을 일으킨 새로운 패션 유행의 발상지.
2. 98년 8월, IMF 외화 위기 때에 오픈한 밀레오레는, 광고, 기획, 이벤트로 선풍적인 바람을 일으킨 쇼핑몰

A동 층별	층별 영업 시간	취급 품목
8 F	10:30~다음날04:30	잡화, 그 외
7 F	10:30~04:30	구두, 운동화
6 F ~ 5 F	10:30~04:30	가방, 액세서리, 패션 잡화
4 F	10:30~04:30	남성옷
3 F ~ 2 F	10:30~04:30	여성옷(슈트, 캐쥬얼, 데님 진즈)
1 F	10:30~04:30	여성복(슈트, 캐쥬얼, 데님 진즈)
B 1	10:30~04:30	아동복, 임산부옷
B 2	10:30~04:30	수입 명품, 힙폽, 스포츠, 잡화

- **홈페이지 :** www.migliore.co.kr
- **주소 :** 서울시 중구 을지로 6가
- **연락처 :** 02-3393-0001~5
- **지하철 :** 1, 4호선 동대문역 8번 출구 도보 6분 / 2, 4, 5호선 동대문 역사 문화 공원역 13, 14번 출구 도보 5분

밀리오레 야경

4 ▶ DOOTA(=두산 타워: 소매)

1. 서울 강북의 랜드마크 마케팅을 잘해 많은 패션유통의 벤치 마킹대상이 되고 있다. (고객과 상품 판매 동향을 항상 체크, 데이타베이스화한 자료를 토대로, 마케팅 전략에 변화를 준다. 가격 할인, DooTa 패션모델, 및 패션 디자인 콘테스트 개최, 댄스, 노래, 노래 자랑 등의 문화 이벤트가 다채롭다.)
2. 창업 100년을 자랑하는 두산 그룹이, 재래 시장 상인들의 마인드에 기업 조직이라는 시스템을 도입해 변혁에 역점을 두었다. 대기업에 어울린 획기적인 쇼핑 공간, 완벽한 원 · 스톱 쇼핑, 고품질, 다양한 휴식 시설, 편리한 시설(엘리베이터, 중앙 에스컬레이터), 옥상 광장에 테마파크(Themepark)가 있다.

A동 층별	층별 영업 시간	취급 품목
7 F	10:30~다음날05:00	생활 용품, 웨딩, 관광 토속 상품, 침구
6 F	10:30~다음날05:00	아동복, 아동 잡화, 임신옷
5 F	10:30~05:00	패션 액세서리, 안경, 준보석
4 F	10:30~05:00	토탈 패션, 가방, 벨트, 운동화
3 F	10:30~05:00	남성 의류, 힙합, 헌 옷
2 F	10:30~05:00	여성 캐쥬얼, 슈트, 레이디스 토탈
1 F	10:30~05:00	여성 디자이너브랜드, 니트, 슈츠
B 1	10:30~05:00	여성 영 캐쥬얼, 헬스, 뷰티,
B 2	10:30~05:00	수입 명품, 수입 잡화, 스포츠 캐쥬얼, 아웃도어, 화장품, 생활 용품

- **홈페이지 :** ww.doota.com
- **주소 :** 서울시 중구 을지로 6가18-12
- **연락처 :** 02-3398-3333
- **휴일 :** 일요일2 3:00~월요일19:00
- **지하철 :** 1, 4호선 동대문역 8번 출구 도보 5분 / 2, 4, 5호선 동대문 역사 문화 공원역 13, 14번 출구 도보 5

두타

두타내부풍경

5 ▶ 평화 시장(도매와 소매)

한때, 넥타이나 Y셔츠, 모자의 수출도 번성했지만, 현재는 러시아, 중동, 남미, 중국, 그 외, 아시아의 상인들이 많이 방문하고 있다.

층별	층별 영업 시간	취급 품목
1 F	22:00~다음날18:00	타올, 단체 유니폼, 언더웨어, 져지, 모자, 우산, 고서점 거리 등
2 F	22:00~다음날18:00	여성복, 신사복, 아동복, 개량 한복 등
3 F	22:00~다음날18:00	여성복, 신사복, 단체 유니폼 등

- **홈페이지 :** www.pyunghwa.com
- **주소 :** 서울시중구을지로 6가 17번지
- **연락처 :** 02-2265-3531 팩스: 02-2275-3555
- **휴일 :** 매주 토요일18:00 ~일요일22:00
- **지하철 :** 1,4호선 동대문역 8번의 출구 도보 3분 / 2,4,5호선 동대문 역사 문화 공원역 13,14번 출구 도보 7분

평화시장

평화시장 야경1

6 ▶ **케레스타(도매와 소매):**

역사 – 1996년 9월, 한국 정부가 유통시장 외국 개방을 선언한 날에, 원 프레야 타운(현 케레스타)은 4,314평의 토지에 지상 22층 지하 6층, 총계 3만 8천평에 점포 3,340개점포를 입점시킨 초대형 상가이다.

A동 층별	층별 영업 시간	취급 품목
8 F	10:30~다음날05:00	웨딩 홀, 바이킹 레스토랑
7 F	10:30~05:00	혼례 용품, 생활 용품
6 F	10:30~05:00	멀티 수입품, 중고 의류
4 F	10:30~05:00	패션 잡화, 액세서리
3 F	10:30~05:00	남성옷
2 F	10:30~05:00	여성복
1 F	10:30~05:00	백화점 스타일(스포츠 브랜드, 구두,화장품,쥬얼리)
B 1	10:30~05:00	레스토랑거리

- **홈페이지 :** www.cerestar.co.kr
- **주소 :** 서울시 중구 을지로 6가17-2
- **연락처 :** 02-2048-4800
- **휴일 :** 매주 화요일05:00~수요일10:30
- **지하철 :** 1, 4호선 동대문역 8번 출구 도보 6분 / 2, 4, 5호선동대문 역사 문화 공원역 13, 14번 출구 도보 4분

케레스타 광장

7 ▶ **통일 상가(성인옷 도매)**

여성복, 남성복, 유니폼, 스포츠 의료, 아동복, 수영복, 잡화등과 지퍼, 금속재료를 많이 취급하고 있다.

- **주소 :** 서울시중구을지로 6가 17번지
- **연락처 :** TEL.02-2269-1969
  FAX.02-2269-1967

통일상가

- **휴일 :** 매주 일요일
- **지하철 :** 1, 4호선 동대문역 8번 출구 도보 7분 / 2, 4, 5호선 동대문 역사 문화 공원역 13, 14번 출구 도보 6분

8 ▶ 동화상가

1. 전자 컴퓨터 자수, 핸들 자수, 레이스 등으로 유명한 의류부자재 전문 상가로서의 뚜렷한 특색 때문에, 08년 세계 금융 위기의 불황에도 그 영향을 받지 않았다.
2. 한국의 중견 의류 기업"BANG BANG"은 동화상가에서 시작한 브랜드다.
3. 700여개 점포에 약 2,300명의 상인이 모여 있다.

층별	취급 품목
1 F	넥타이, 와이셔츠, 지퍼, 버튼, 스트링, 합피스
2 F	라벨, 짜, 고무
3,4,5 F	합피스, 전자 컴퓨터 자수, 핸들 자수, 스모크 등 층별로 특성화되어 있다.

- **홈페이지 :** www.dongwha-mk.co.kr
- **주소 :** 서울시중구을지로 6가 17번지 415
- **연락처 :** **TEL.**02-2265-9611 **FAX.**02-2275-8876
- **영업 시간 :** 09:00~19:00
- **휴일 :** 매주 일요일
- **지하철 :** 1, 4호선 동대문역 8번 출구 도보 7분 / 2, 4, 5호선동대문 역사 문화 공원역 13, 14번 출구 도보 6분

동화상가

동화상가 내부풍경

9 ▶ 에리어 6(도매와 소매)

20대 중반 이후의 고가 여성복, 구두, 액세서리 등

층별	층별 영업 시간	취급 품목
3 F	21:00~다음날05:00	수입 의류, 여성 의류
2 F	21:00~17:00	골프 웨어, 니트, 여성 의류
1 F	21:00~17:00	여성 캐쥬얼, 스포츠 캐쥬얼, 인테리어-소품
B1 F	21:00~17:00	수입 의류, 아가씨 캐쥬얼, 란제리

- **주소 :** 서울시 중구 신당동 776
- **연락처 :** 02-2238-4914
- **휴일 :** 매주 토요일05:00~일요일21:00
- **지하철 :** 1호선동대문역 6번 출구,
4호선동대문역 7번 출구 도보 4분
2, 4, 5호선동대문 역사 문화 공원역
1번 출구 도보 7분

에리어 6

10 ▶ 광희패션몰(도매와 소매)

1. 2층은 한국내 유일한 가죽옷과 모피 의류의 도매 및 소매가죽 전문 시장으로 명동, 남대문시장, 이태원 등의 소매상이 여기서 주문해 판매하는 곳이 많다.
2. 일본, 중국의 관광객과 도매상이 많이 방문하는 상가

층별	층별 영업 시간	취급 품목
3 F	21:00~다음날16:00	보세 의류, 여성복, 청바지, 속옷, 니트 등
2 F	21:00~16:00	가죽옷류, 무스탕, 트스카나, 모피, 카레 등
1 F	21:00~16:00	여성복, 니트, 청바지, 티셔츠 등
B1 F	21:00~17:00	수입 의류, 아가씨 캐쥬얼, 악세사리, 잡화 등

- **홈페이지 :** www.kwangheesijang.com
- **주소 :** 서울시 중구 신당 1동 777번지(100-451)
- **연락처 : TEL.**02-2238-4352,02-2232-2882 **FAX.**02-2238-2889
- **휴일 :** 매주 토요일16:00~일요일21:00
- **지하철 :** 지하철 1호선 동대문역 6번 출구, 4호선 동대문역 7번 출구 도보 4분
  2, 4, 5호선 동대문 역사 문화 공원역 1번 출구 도보 6분

광희패션몰

광희패션몰2층102 위너스 T2238-9059

광희패션몰2층102 위너스 T2238-9059

11 ▶신평화패션타운(도매와 소매)

1. 전체적으로 가격 경쟁력이 있는 상가이며, 특히 4층은 일본수출전문가게가 많다.
2. 지하 1층은 유니폼 전문(야간업소), 댄스옷. 1층은 주로 속옷 도매 시장으로 구성되어 있다. 2층과 3층은 남성복과 여성복이 섞여 있다.

- **홈페이지 :** www.sph.co.kr
- **주소 :** 서울시 중구 신당동217-1번지
- **연락처 : TEL.**02-2238-6813 **FAX.**02-2252-1599
- **휴일 :** 매주 토요일18:00~일요일22:00
- **지하철 :** 1호선동대문역 6번 출구, 4호선동대문역 7번 출구 도보 3분
  2, 4, 5호선동대문 역사 문화 공원역 1번 출구 도보 7분

A동 층별	층별 영업 시간	취급 품목
4F	22:00~다음날11:00	A동 – 108점포 티셔츠, 청바지, Y-저지, BC동 150점포 – 여성복, 캐쥬얼 여성복(30대~50대)
3 F	22:00~다음날11:00	A동 120점포 BC동 190점포 여성복, 임신옷, 캐쥬얼 등
2 F	22:00~다음날11:00	A동 – 110점포 BC동 – 170점포 부인 의류, 청바지, 남녀 캐쥬얼, 아동복, 란제 리 등
1 F	22:00~다음날18:00	A동 105점포 BC동 110점포 언더 웨어, 잠옷, 양말, 저지, 타올 등
B 1	22:00~다음날17:00	100점포 – 여성복, 캐쥬얼, 바, 클럽 등 야간업소 유니폼

신평패션타운

신평패션타운4층 일본상품전문상가

12 ▶ 남평화시장(도매)

1. 지하 1층~1층에 수많은 가방 도매상이 있다.
2. 2~3층은 가격 경쟁력이 좋은 의류가 많다

C동 층별	층별 영업 시간	취급 품목
3 F	20:00~다음날10:00	남성옷, 여성복(니트, 청바지, 면팬츠, 니트 등)
2 F	20:00~다음날10:00	남성옷, 여성복(니트, 청바지, 면팬츠, 니트 등)
1 F	12:00~다음날14:00	가방 핸드백, 지갑, 벨트
B1 F	12:00~다음날14:00	가방 핸드백, 지갑, 벨트

- **주소 :** 서울시 중구 신당 772번지
- **연락처 :** 02-2237-0620, 0622, 6133
- **휴일 :**
  B1, 1 F : 매주 토요일 14:00~일요일 00:00
  2, 3 F : 매주 토요일 10:00~일요일 20:00
- **지하철 :** 1호선동대문역 6번 출구, 4호선동대문역 7번 출구 도보 3분 / 2, 4, 5호선동대문역사 문화 공원역 1번 출구 도보 7분

남평화시장

13 ▶ The OT (디오트) : 도매

1. 청평화 상가를 그대로 옮겨 둔 것 같은 상품 구성과 디스플레이
2. 인터넷 쇼핑몰 운영자가 잘 방문하는 곳이다

층별	취급 품목
1~4 F	여성 영 캐쥬얼
지하 1 F	패션 잡화, 여성 영 캐쥬얼

- **홈페이지 :** www.theot.net
- **주소 :** 서울시 중구 신당동193-2
- **연락처 : TEL.**02-2117-8000 **FAX.**02-2117-8084
- **영업 시간 :** 오전00:00~15:00
- **휴일 :** 매주 일요일
- **지하철 :** 1,4호선 4, 7번 출구 도보 5분 / 6호선 동묘역 6번 출구 도보 4분 / 2, 4, 5호선 동대문 역사 문화 공원역 1번 출구 도보 8분

디오트

14 ▶ UUS(도매)

1. 최근, 주목받고 있는 SPA(기획제조 소매업) 형태에 따른 디자인 기획, 생산, 마케팅까지를 행하는, 신세대패션을 리드해 나가는 상가로 인터넷 쇼핑몰이 활성화되어 있다.

2. 영 캐쥬얼 전용의 신진 디자이너들의 직영 숍이 많이 입점 되어 각광을 받고 있는 곳.

층별	취급 품목
3 F	남성 케쥬얼
2 F	남녀 패션 존
1 F	레이디스 캐쥬얼, 패션 잡화

- **홈페이지 :** www.uus.co.kr
- **주소 :** 서울시 중구 신당동 251-7
- **연락처 : TEL.**02-6270-1000 **FAX.**02-6270-2000
- **영업 시간 :** 오후 20:00~다음날 06:00
- **휴일 :** 매주 토요일 오후 20:00~일요일20:00
- **지하철 :** 1호선 동대문역 6번 출구 / 4호선 동대문역 7번 출구 도보 6분
  2, 4, 5호선 동대문 역사 문화 공원역 1번 출구 도보 5분

유어스

15 ▶ 제일 평화 시장(도매와 소매)

1. 유능한 디자이너가 자신의 디자인을 기획 판매하고 있는 점포가 많아 세련된 옷이 많이 있다.

2. 기획 신제품과 보세 의류(수출을 목적으로 만들어진 제품이지만, 어떤 이유로 내수판매를 하게 된 제품)를 취급하고 있다.

층별	층별 영업 시간	취급 품목
3 F	21:00~다음날17:00	보세 의류, 청바지, 티셔츠, 헌 옷 등
2 F	21:00~17:00	여성복, 남성옷, 아동복, 잡화 등
1 F	21:00~17:00	여성복, 남성옷, 수입 의류, 잡화, 신발 등
B1 F	21:00~17:00	명품 여성복, 잡화, 액세서리 등

- **홈페이지 :** www.jeilpyunghwa.com
- **주소 :** 서울 시중구신당동 775번지
- **연락처 : TEL.**02-2252-6744/3633 **FAX.**02-2235-4459
- **휴일 :** 매주토요일17:00~일요일21:00
- **지하철 :** 지하철 1호선동대문역 6번 출구, 4호선동대문역 7번 출구 도보 4분
  2, 4, 5호선동대문 역사 문화 공원역 1번 출구 도보 7분

제일 평화 시장 야경

제일 평화 시장 내부풍경

16 ▶ 누죤(도매)

모던한 건물에 백화점 수준의 첨단 시설, 넓은 통로와 쾌적한 쇼핑 환경, 캐쥬얼을 위한 상가

층별	취급 품목
6 F	수입품 의류(리사이클, 멀티 잡화 등)
5 F	패션 잡화(가방, 모자, 벨트 등)
4 F	구두, 운동화, 벨트 등
3 F	남성 의류(캐쥬얼, 호소미 슈트 등)
1 F, 2 F	여성 의류(캐쥬얼, 슈트, 청바지 등)
B1 F	아가씨 패션, 바, 클럽 등 야간업소의 음 유니폼
B2 F	수입품 의류 및 잡화

- **홈페이지 :** www.nuzzon.co.kr
- **주소 :** 서울시 중구 신당동200-5
- **연락처 : TEL.**02-6366-3110
  FAX.02-6366-3000
- **영업 시간 :** 20:00~다음날08:00
- **휴일 :** 매주 토요일08:00 ~일요일20:00
- **지하철 :** 1호선 동대문역 6번의 출구 도보 7분
  4호선 동대문역 7번의 출구 도보 6분
  2,4,5호선 동대문 역사 문화 공원역 1번 출구 도보 6분

누존

17 ▶ 자파

- **주소 :** 서울시 중구 신당동199-17 • **연락처 :** 02-6933-5555
- **지하철 :** 지하철 1호선동대문역 6번 출구, 4호선동대문역 7번 출구 도보 5분
  2, 4, 5호선동대문 역사 문화 공원역 1번 출구 도보 4분

층별	취급품목
1F~4F	액세서리, 의류
B1F	숙녀화

18 ▶ apM(도매)

1. 디자이너들이 많이 모여 있는 도매 전문 상가로서 최근에는 뉴 디자인을 많이 기획 판매하고 있다.
2. 중국인 바이어와의 거래가 많으며, 여성옷, 남성옷, 캐쥬얼 의류 중심의 상가.

층별	취급 품목
5 F	남성 의류(캐쥬얼, 중고 의류, 패션 잡화 등)
3 F~4 F	남성 의류(캐쥬얼 의류, 패션 잡화 등)
1 F~2 F	여성 의류(캐쥬얼, 토탈 라인, 잡화 등)
B1	Storage(젊은 감각의 여성 의류, 패션 잡화 등)

- **홈페이지 :** www.apm24.co.kr
- **주소 :** 서울시 중구 신당동198-3
- **연락처 : TEL.**02-2250-2027 **FAX.**02-2250-2029
- **영업 시간 :** 20:00 ~ 다음날08:00
- **휴일 :** 매주 토요일08:00 ~ 일요일20:00
- **지하철 :** 1호선동대문역 6번 출구, 4호선동대문역 7번 출구 도보 6분
  2, 4, 5호선동대문 역사 문화 공원역 1번 출구 도보 5분

apm

apm앞 야간풍경

19 ▶ GOLDEN TOWN(골든 타운) : 도매

1층에서 3층까지 양피, 쇠가죽, 돈피 등의 완성품과 스킨(가죽)을 판매하고 있다.

층별	취급 품목
1~4 F	가죽, 모피, 가죽 스킨
지하 1 F	가죽, 모피, 가죽 스킨

- **주소 :** 서울시 중구 신당동204-1
- **연락처 : TEL.**02-2238-4241 **FAX.**02-2235-4210
- **영업 시간 :** 오전09:00 ~ 16:00
- **휴일 :** 매주 일요일
- **지하철 :** 지하철 1호선동대문역 6번 출구, 4호선동대문역 7번 출구 도보 5분
  2, 4, 5호선동대문 역사 문화 공원역 1번 출구 도보 4분

20 ▶ 디자이너 클럽(도매)

1. 동대문 시장의 최신 유행을 창조해, 리드해 가는 패션 발상지. 능력있는 신세대 디자이너가 포진 하고 있는 상가로 최신 유행을 쫓는 세련된 사람들이, 뉴 디자인을 찾기 위해서 항시 북적 댄다. 일본쪽에 맞는 상품이 많기 때문에, 외국 바이어가 많고, IMF 외환 위기, 국제금융위기 이후에는, 수출에 따른 환차 이익으로 큰 돈을 손에 넣은 상인이 많다.
2. 인테리어가 고급스러우며, 깨끗한 디스플레이와 다양한 상품구색으로, 쇼핑에도 매력이 있는 곳이다.
3. 점포 마다 개성이 강한 디자이너가 브랜드를 가지고 있는 가게가 많다.

층별	취급 품목
4 F	여성옷, 넓은 점포의 오픈 인테리어
3 F	여성 의류(아우터 웨어, 단품류 등)
2 F	여성 의류(청바지, 니트류, 윗도리류 등)
1 F	여성 의류(토탈)
B1 F	여성 의류, 밤업소 유니폼, 단품류, 잡화 디자인

- **주소 :** 서울시 중구 신당동199-10
- **연락처 :** **TEL.**02-2237-2503 **FAX.**02-2236-2139
- **영업 시간 :** 20:00~다음날08:00
- **휴일 :** 매주 토요일08:00~일요일20:00
- **지하철 :** 지하철 1호선동대문역 6번 출구, 4호선동대문역 7번 출구 도보 5분
  2, 4, 5호선동대문 역사 문화 공원역 1번 출구 도보 4분

디자이너클럽

디자이너클럽 풍경

21 ▶ 팀 204

- **주소 :** 서울시 중구 신당동 198-3
- **연락처 :** 02-2232-3604

층별	취급품목
4F~6F	구두
3F	홀복(유니폼)
B1F~2F	구두, 잡화

- **지하철 :** 지하철 1호선동대문역 6번 출구, 4호선동대문역 7번 출구 도보 5분
  2, 4, 5호선동대문 역사 문화 공원역 1번 출구 도보 4분

22 ▶ 혜양 엘리시움

- **주소 :** 서울시 중구 신당동 213-49
- **연락처 :** 02-2250-1114, 0611
- **영업 시간 :** 20:00~다음날 10:00

층별	취급품목
6F	디스플레이용품
3~5F	남성복
1~2F	여성복정장, 캐쥬얼
G	수출전문매장
B1	구두, 잡화

- **지하철 :** 지하철 1호선동대문역 6번 출구, 4호선동대문역 7번 출구 도보 6분
  2, 4, 5호선동대문 역사 문화 공원역 1번 출구 도보 5분

▶ 맥스타일

2010년에 완공된 초신식현대식건물에 넓은 통로에 세련 디스플레이가 돋보이는 쇼핑몰

층별	취급 품목
8 F	푸드코트
7 F	멀티편집매장
6 F	잡화
5 F	패션 잡화(가방, 모자, 벨트 등)
4 F	아동용품
3 F	남성 의류
2 F	여성 의류(캐쥬얼, 슈츠, 청바지 등)
1 F	여성정장-니트류
B1 F	여성의류 미시족
B2 F	생활용품, 수입명품

• **홈페이지 :** www.maxtyle.com
• **주소 :** 서울시 중구 신당동773번지
• **연락처 :** TEL.02-2218-0000
FAX.02-2218-0030
• **영업 시간 :** 월 20:00~다음날05:00
- 화 ~ 금 11:00~다음날02:00
- 토 11:00~다음날02:00
- 일 11:00~다음날09:00
• **지하철 :** 1호선 동대문역 6번 출구,
4호선 동대문역 7번 출구 도보 3분
2, 4, 5호선 동대문 역사 문화 공원역 1번 출구 도보 7분

맥스타일

24 ▶ 아트 플라자(도매)

동대문 패션몰의 선구자. 남대문 상인들이 동대문에 진출해, 야간 영업을 처음 시작해서 히트해 선풍을 일으킨 상가이다.주로 여성복을 취급하고 있다. 1990년, 재래 시장에서 동대문에 현대화 패션몰 탄생에 앞장선 상가이다.

층별	층별 영업 시간	취급 품목
4 F	20:00~다음날08:00	사무실 임대 비즈니스
3 F	20:00 ~ 08:00	미시족을 위한 패션(30, 40대)
2 F	20:00 ~ 08:00	여성슈트, 니트
1 F	20:00 ~ 08:00	주로 아가씨풍 의류, 캐쥬얼, 임신옷
B1 F	20:00 ~ 08:00	여성 의류

• **홈페이지 :** www.art-plaza.com
• **주소 :** 서울시 중구 신당동213-67
• **연락처 :** TEL.02-2236-1768
FAX.02-2238-9586
• **휴일 :** 매주 토요일08:00~일요일20:00
• **지하철 :** 1호선동대문역 6번 출구,
4호선동대문역 7번 출구 도보 6분
2, 4, 5호선동대문 역사 문화 공원역
1번 출구 도보 7분

아트플라자

25 ▶ 테크노 상가(도매, 재고품의 덤핑 상품)

1. 인터넷 쇼핑몰운영자(특히 오픈 마켓)가 주로 거래하고 있는 상가.
2. 가격이 싸고, 디자인 평판도 좋다.

- **주소 :** 서울시 중구 신당동213-51
- **연락처 :** TEL.02-2232-4822, 02-2238-9844
  FAX.02-2232-4823
- **영업 시간 :** 21:00~다음날08:00
- **휴일 :** 매주 토요일08:00~일요일21:00
- **지하철 :** 지하철 1호선동대문역 6번 출구,
  4호선동대문역 7번 출구 도보 5분
  2, 4, 5호선동대문 역사 문화 공원역
  1번 출구 도보 7분

테크노 상가

층별	취급 품목
4 F	여성 단품류
3 F	여성 캐쥬얼, 슈트
2 F	캐쥬얼, 여성정장
1 F	여성 캐쥬얼
B1 F	여성 캐쥬얼

26 ▶ 동평화시장(도매)

주로 패션 브랜드의 저가 상품이 많아, 백화점 할인 코너나 전문점의 가격인하 판매장에 많이 입점하고 있다.

층별	층별 영업 시간	취급 품목
4 F	09:00~17:00	청바지, 니트, 티셔츠, 여성복, 남성옷
3 F	09:00~17:00	내수 브랜드 가격인하 판매장, 악세사리, 잡화, 란제리
2 F	09:00~17:00	보세품, 아가씨 캐쥬얼, 여성복, 남성옷, 잡화
1 F	09:00~17:00	여성복, 남성옷, 잡화, 란제리, 스포츠, 리사이클 상품
B1 F	09:00~17:00	캐쥬얼, 보세품, 여성복, 남성옷

- **주소 :** 서울시 중구 을지로 6가17-415
- **연락처 :** 02-2265-9611~2
- **휴일 :** 매주 일요일
- **지하철 :** 1호선동대문역 6번 출구, 4호선동대문역 7번 출구 도보 5분 2, 4, 5호선동대문 역사 문화 공원역 1번 출구 도보 7분

동평화시장

27 ▶ 청평화 시장(도매)

1. 한국의 인터넷쇼핑몰(G마켓, 옥션, 인터 파크, 11번가 내의 오픈마켓)의 대부분이 청평화 시장의 물건을 구매해 판매하고 있다.
2. 고품질 중저 가격 판매 전략 : 동대문의 동편 안쪽에 위치하고 있는 도매 전문 상가. 디자인 기획력이 뛰어나고 박리다매판매, 가격 경쟁력도 있다.

- **홈페이지 :** www.chungpyunghwa.com
- **주소 :** 서울시 중구 신당동217-91
- **연락처 :** **TEL.**02-2252-8036 **FAX.**02-2252-0111
- **영업 시간 :** 밤12:00~ 14:00휴일: 매주 일요일
- **지하철 :** 1호선동묘역 6번의 출구 도보 3분/ 4호선 동대문역 7번 출구 도보 5분 2,4,5호선 동대문 역사 문화 공원역 1번 출구 도보 8분 2,6호선 신당역 10번의 출구 도보 5분

※ **가게 전체포수:** 1,100점이 있지만 빈점포가 없다.

층별	취급 품목
5 F	10, 20대 퍼스트 트렌디 케쥬얼, 레이디스
4 F	10, 20대 퍼스트 트렌디 케쥬얼, 레이디스
3 F	20대 영 캐쥬얼, 레이디스
2 F	20대 영 캐쥬얼, 레이디스
1 F	20대 영 캐쥬얼, 레이디스
B1 F	여성 캐쥬얼, 패션 잡화여성복, 남성옷

청평화시장

청평화시장 풍경

▶ 광장시장(도매와 소매)

1. 원단(수입 및 고급품) 및 구제품 의류, 한복 전문 상가
2. 광장 패션 타운내 www.kwangjangfashion.co.kr(백산 상가, 대신 상가, 예지상가) 에는 일본쪽 의류(여성복 40대~50대용) 전문상가 내 60개점포가 있어 일본 바이어가 많이 방문하는 곳.

- **홈페이지 :** www.kwangjangmarket.co.kr

- **주소 :** 서울시종로구예지동6-1
- **연락처 :** 02-2267-0291/2
- **휴일 :** 매주 일요일
- **영업 시간 :** 07:00~19:00
- **지하철 :** 1호선 종로 5가역 7, 8번의 출구 도보 3분

광장시장

광장패션타운(백운상가)

▶ 동대문 종합 시장 (상가)

(여러 가지 다양한 원단, 혼례 용품, 이불, 액세서리의 도매와 소매)

역사 – 1970년 12월 23일에 오픈. 이 상가의 개장식에는 고 박정희대통령, 서울 시장 등을 비롯해 유명인사 4천명이 참가하여 관심과 기대가 컸다. 당시 초대형 현대식 상가로서는 한국최초의 쇼핑센터였으므로, 크게 주목을 받았다.

규모 – 연면적 2만여평에, 3천 점포가 입점. 1일 이용객은 대략 5만명으로, 30년간 계속 된 다양하고 우수한 품질이 주된 무기다. 원래 서울시가 운영하고 있던 전철의 차고였다.

A동 – 지하 1층 지상 7층
B동 – 지하 1층 지상 6층
C동 – 지하 2층 지상 5층
본관(동대문 쇼핑 타운) – 지하 2층 지상 5층

동대문종합상가

동대문종합상가 내부풍경

품목 – 한국내 최대 규모의 원단 전문 도매, 소매 시장이다.
일반 및 혼례 용품 전용(침구, 집기, 견직물, 이불 등 혼례 용품)의 신사복, 원사, 커튼, 카페트, 수예품, 타올 그 외, 생활 용품의 원단, 침구류는 300개 점포가 있어 한국내 최대 시장을 이루고 있다.

층별 가이드

(각종원단, 면, 폴리, 나일론, 레이온, 모직, 합성 화학 섬유, 견직물 등을 팔고 있다.)

A동 층별	층별 영업 시간	취급 품목
5 F	08:00~18:00	의류부자재(버튼, 실, 지퍼, 레이스 등), 액세서리
4 F~3 F	08:00~18:00	각종원반
2 F	08:00~18:00	각종원반(견직물, 한복, 커텐(커튼)
1 F	08:00~20:00	침구, 수예품, 집기, 커튼, 생활 용품
B1	08:00~20:00	실, 버튼, 커튼, 수예품, 침구 등

B동 층별	층별 영업 시간	취급 품목
5 F	08:00~18:00	액세서리
4 F~3 F	08:00~18:00	각종원반
2 F	08:00~18:00	각종원단, 면직물, 의류부자재
1 F	08:00~20:00	침구, 수예, 의류부자재
B1	08:00~20:00	실, 부자재, 커튼, 수예, 침구

C동 층별	층별 영업 시간	취급 품목
5 F	08:00~18:00	창고
4 F~2 F	08:00~18:00	각종원반
1 F	08:00~18:00	의류부자재, 양복, 카 배트
B1	08:00~20:00	실, 부자재, 커튼, 수예, 침구

쇼핑타운 층별	층별 영업 시간	취급 품목
5 F	08:00~18:00	레스토랑거리
4 F~3 F	08:00~18:00	각종원반
2 F	08:00~18:00	한복, 견직물
1 F	08:00~20:00	침구, 의류부자재
B1	08:00~20:00	커튼, 수예, 이불

▶ 우일프라자

- **주소 :** 서울시 중구 흥인동3-4
- **연락처 :** 02-2236-8027
- **지하철 :** 지하철2호선 신당역 10번 출구 도보 7분

층별	취급품목
B1F~4F	각종 원단

우일프라자

동대문 패션타운 상가 안내도

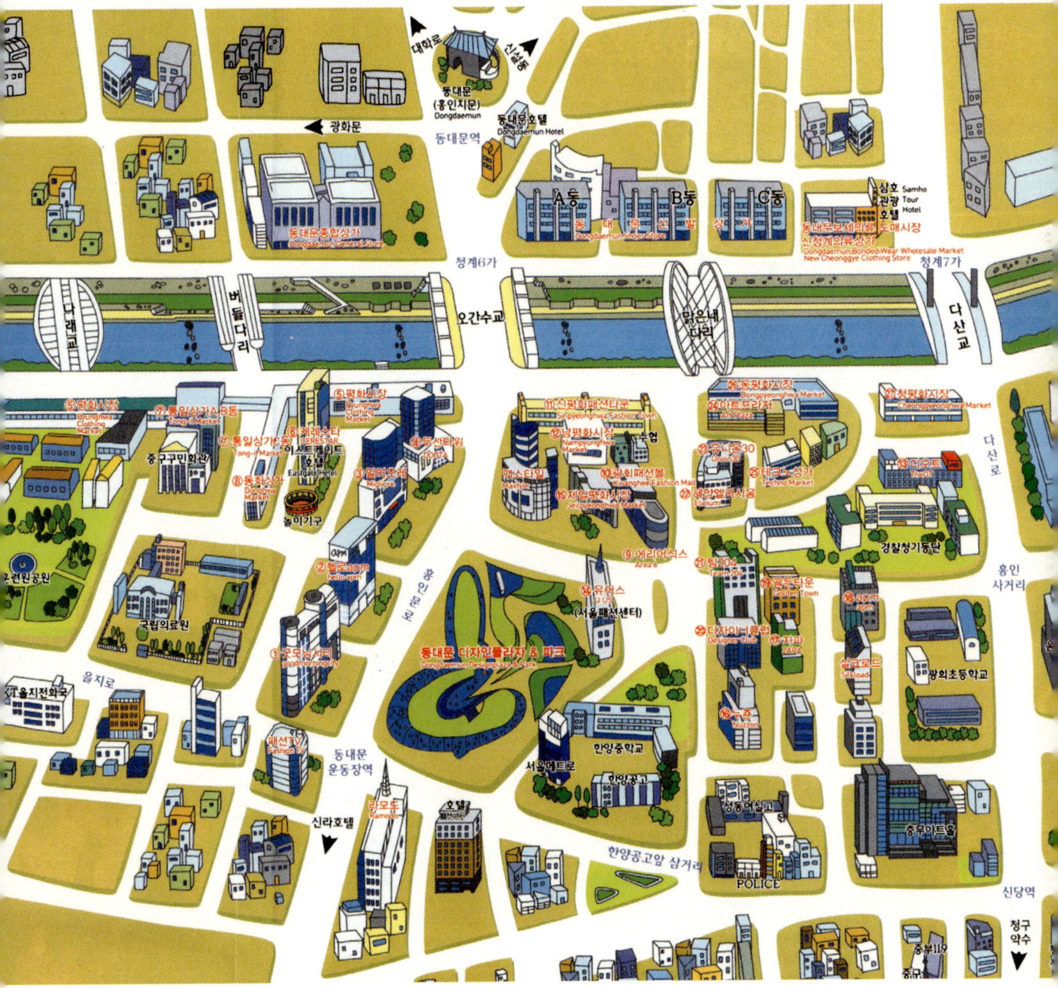

• **제공** : 동대문패션타운관광특구협의회

www.dft.co.kr / TEL.02-2048-0501

정승일 (鄭昇逸 CHUNG, SUNG-IL)

연락처 : (e-mail) etchung11@hanmail.net(한국)
chungsungil@yahoo.co.jp(일본)
홈페이지 : **www.geeri.kr**

<경력>

- 日本岡橋(오카하시)商事 貿易部
- 한성실업 일본무역 영업부
- 일본통신사 외신기자
- 무역일보 국제부기자
- 한국무역협회 무역아카데미 교수 / 서울전문학교 패션디자인학부 교수
  국제교류교육원 원장 / 담당과목 : 국제마케팅전략(일본), 무역 실무일본어
- (무역 초빙강의) 한국능률협회, 한국생산성본부, 중앙대학교, 경북대학교 등
- 중기청 연수원 강사
  담당과목: 일본마케팅(일본시장개척)
- 서울패션센터(SBA 서울산업통상진흥원)수출자문위원, 패션일본어 강사
- (홍보담당) 문화복장학원대학교, 동경공과대학교, 세인트매리대학교(캐나다) 등
- (취업 초빙강의) 고등학교, 대학교 등 취업, 동대문 체험

〈저서〉

- 무역일본어회화(한림출판사)
- 무역일본어 통신문(진명출판사)
- 인터뷰 일본어
- 奇蹟의 日本語聽取(時事日本語社)
- 비즈니스일본어회화(매일경제신문사)
- 일본비즈니스 성공비결(삶과 꿈)
- 신입사원의 기초지식(삶과 꿈)
- 일본의 유통현장 100엔숍(두남출판사)
- 서비스이만큼만해라(삶과 꿈)
- 패션밸리 남동대문시장(경춘사)
- 무역창업길라잡이(두남)
- 서울명소체험(한림출판사)
- 상담일본어(대학당)
- 패션일본어(두남)
- 비지니스 일본어(넥서스출판사)
- 남대문동대문 패션무역(두남)
- 패션외국어 시리즈
  (일본어, 중국어, 영어 등 3권; 경춘사)
- 패션밸리 동대문에 가자
  (일본 센켄신문사) 등 총26권

박병두 (朴炳斗 PARK, BYUNG-DOO)

연락처:(e-mail) sgr4311@naver.com

〈학 력〉

- 경희대학교 호텔관광대학 졸업
- 대불대학교 보건대학원 안경광학과 졸업
- 고려대학교 정책대학원 행정학과 졸업

〈현 재〉

- 고려대학교 정책대학원 교우회 상임 부회장
- 고려안경도매상가 회장
- 중소기업청 시장경영진흥원 자문위원
- 한국의류도소매업협동조합 이사장